AF199616

Transformation leicht gemacht –

In 28 Tagen zu einem erfüllten Leben

Sandra Kubig

Transformation leicht gemacht

In 28 Tagen zu einem erfüllten Leben

© 2018 Sandra Kubig

Verlag und Druck: tredition GmbH, Hamburg

ISBN
978-3-7469-6518-5 (Paperback)
978-3-7469-6520-8 (e-Book)

Foto: Kristina Singer, Prem Jyoti

Das Werk, einschließlich seiner Teile, ist urheberrechtlich geschützt. Jede Verwertung ist ohne Zustimmung des Verlages und des Autors unzulässig. Dies gilt insbesondere für die elektronische oder sonstige Vervielfältigung, Übersetzung, Verbreitung und öffentliche Zugänglichmachung.

Inhalt

Vorweg   **10**

Was dieses Buch will   **12**

Zwei bis drei persönliche Anmerkungen   **14**

Eigene Erfahrungen   14
Warum es mir so wichtig ist   20

Genügt dir das Leben, das du derzeit führst?   **21**

Was wirst du in den 28 Tagen lernen?   21
Welcher Ort ist die Welt für dich?   22

Deine Wünsche, deine Energie   **27**

Energetische Entsprechung oder Karma?   27
Mit Energie: kleine Ziele, große Ziele   27
Besonders viel Energie: Dankbarkeit und Freunde   28
Wie Wünsche Beine bekommen und laufen lernen   29
Folge deinen Herzens-Bildern!   31

Welche Wünsche möchtest du dir erfüllen?   **32**

Hör auf dich selbst!   33
Warum bittest du nicht um das, was du dir wünschst?   34

Was deinen Wünschen im Weg stehen kann   **36**

Achtung, Autopilot!   36
Emotionaler Ballast   37
Was denken die anderen von mir?!   38

Bestandsaufnahme   **41**

Eigentlich hast du schon alles, um frei zu sein!   41
Negative Gedanken sind Energieräuber   43

Wie viel Geld braucht das Glück?   **45**

Zuerst: Zweifel ausschalten   45
Dann: negative Glaubenssätze ausschalten!   46

Was bedeutet es, in finanzieller Freiheit zu leben?   48
Geld und Energie sind völlig neutral   49
Das richtige Bewusstsein für Geld entwickeln   50
Mein Mindset bestimmt meine Beziehung zum Geld   51
Glück und Geld   52
Geld und die karmischen Gesetze   53
Rückschläge können hilfreich sein   54
Energie und Geld: ein gutes Team!   55

12 Stolpersteine auf deinem Weg zum Ziel   **57**

Niemals zu schnell aufgeben!   57
Immer den Fokus im Auge behalten!   59
Unsicherheit lähmt   61
Die Angst vor Veränderungen   62

Selbstzweifel 66
Gedanken sind wichtig! 69
Der Jammer- oder Klagemodus 71
Sich mit anderen Menschen vergleichen 73
Ausreden, die verzögern sollen 75
Die Ich-hab-kein-Geld-Ausrede 77
Schweinehund und Komfortzone 79
Dankbarkeit 81

Wie du selbstbestimmt dein Leben änderst **84**

Fragen stellen 84
Waches Bewusstsein einsetzen 84
Autopilot ausschalten 85
Freie Entfaltung oder: Das Herz als zweites Gehirn 87
Neue Gedanken statt alter Glaubenssätze 88
Das Universum kann dir helfen 90
Die ganze Fülle deines Lebens ist schon da! 91
Das Wunder der Energie 92
Samen für die Zukunft aussäen 94
Glück ist machbar! Aber du solltest es wirklich wollen 95

Das 28-Tage-Programm:
vier Schlüssel zur Transformation **98**

Was kannst du in dem 28-Tage-Programm lernen? 98
Was musst du vorab wissen? 98
Was erwartet dich — ganz konkret? 100
Der Ablauf des Trainingsprogramms 101
Trainingstipps 103

Dein Mindset   **107**

Tag 1: Das große Reinemachen   111
Tag 2: Love it, leave it or change it   123
Tag 3: Wie wünschst du dir dein Leben?   129
Tag 4: Angst vor der Wunsch-Realisierung?   137
Tag 5: Einwände und Blockaden loslassen   140
Tag 6: Wie du dein Mindset auf Fülle einstellst   145
Tag 7: Was ist dein großes Warum?   151

Dein Herz und deine Gefühle   **157**

Die zweite Woche beginnt   158
Tag 8: Negative Gefühle transformieren   163
Tag 9: Verwandle Angst in Power   172

Tag 10: Was du von Herzen ersehnst, kriegst du   179
Tag 11: Das Bedürfnis hinter deinem Wunsch   184
Tag 12: Erzeuge ein Gefühl von deinem Wunsch   188
Tag 13: Der schnellste Weg, wohlhabend zu sein   193
Tag 14: Sei schon jetzt dankbar!   199

Energie und Bewusstsein   **205**

Die dritte Woche beginnt   206
Tag 15: Wünsche durch Bewusstsein realisieren   210
Tag 16: Zieh Energie aus deinen Wünschen   217
Tag 17: der Herzenswunsch — Vision deiner Zukunft   223
Tag 18: Halte dein Bewusstsein fokussiert   229
Tag 19: Wer bist du, wenn dein Ziel erreicht ist?   233

Tag 20: Bewusstsein und Wunsch synchronisieren 238
Tag 21: Energie trainieren, um Fülle zu empfangen 242

Deine Taten **251**

Die letzte Woche bricht an! 252
Tag 22: Was Finanzen mit deinem Ziel zu tun haben 256
Tag 23: Die Kraft der absoluten Entscheidung 266
Tag 24: Wenn du in deinem Leben etwas anders
haben möchtest, musst du etwas anderes tun 271
Tag 25: Ein Wunsch ohne Plan ist reine Fantasie 275
Tag 26: Die konkrete Umsetzung deines Plans 281
Tag 27: Mach dir einen genauen Zeitplan 285
Tag 28: Wenn du es schaffst, deine Gewohnheiten
zu ändern, änderst du dein ganzes Leben 288

Nachwort **298**

Über die Autorin **300**

Vorweg

Täglich erlebe ich in meiner Praxis, wie schwer es vielen Menschen fällt, sich gut um sich selbst zu kümmern. Dabei könnte es so einfach sein: Die Fülle des Lebens liegt nämlich immer schon in uns. Theoretisch jedenfalls. In der Praxis aber müssen wir unser Denken, Fühlen und Handeln oft komplett neu „justieren", um das zu erreichen, was wir uns wünschen.

Und manchmal scheitert es schon daran, dass wir gar nicht so genau wissen, was wir uns wirklich wünschen: ganz tief in uns, ohne uns durch Erziehung, Gewohnheit oder Sätze wie: „das macht man halt so" beeinflussen zu lassen. Es geht um echte Herzenswünsche. Wie sie erkannt und umgesetzt werden können. Und was passiert, wenn uns das gelingt. Das grenzt nämlich schon an echte Magie: Dann erst sind wir in der „Fülle des Lebens". Wunschlos glücklich sozusagen. Doch leider geht das nicht ohne Einsatz, sondern muss immer wieder neu errungen werden.

Mit diesem Buch lassen sich die grundlegenden Schritte dazu erlernen — und zwar in nur 28 Tagen. Das Buch zeigt auf, wie der Weg zu unseren Wünschen frei wird. Wie wir unser Potenzial optimal nutzen und zielsicher das umsetzen können, was in uns steckt. Wer sich die hier beschriebenen universellen Grundprinzipien vergegenwärtigt, kann künftig selbst aktiv werden — und Wünsche werden wahr! Mit den richtigen Werkzeugen und Gedanken ist das plötzlich gar nicht mehr schwer, versprochen!

Ich wünsche mir vor allem eines: dass alle Menschen die Chance haben, das Potenzial zu entdecken und zu leben, das in ihnen steckt. Darum habe ich dieses Buch geschrieben — voller Dankbarkeit für die Gabe, dieses Wissen mit anderen Menschen teilen zu können.

Was dieses Buch will

Durch die Arbeit in meiner Praxis als Heilpraktikerin für Psychotherapie wurde mir im Lauf der Zeit immer klarer, wie schwer es für die meisten meiner Klienten ist, aus der Unzufriedenheit des Alltags heraus ihre eigenen, inneren Wünsche zu erkennen und daraus neue Ziele im Leben zu entwickeln und umzusetzen. Oft scheint die gegenwärtige Situation zu aussichtslos, um sie wirklich verändern zu können. Meist entsteht dann eine resignierte Anpassung an das, was ist. Die eigenen Bedürfnisse werden ganz weit nach hinten geschoben.

In diesem Buch möchte ich dir zeigen, wie du deine Ziele erreichen und dir ein Leben nach deinen Vorstellungen gestalten kannst. Wie du all die Träume verwirklichen kannst, die du vielleicht vorher noch als „Spinnerei" abgetan hast. Ich möchte dich dazu ermutigen, deinem Herzen zu folgen.

Vielleicht träumst du davon, eine neue Aufgabe zu übernehmen. Oder du möchtest endlich in einer glücklichen Beziehung leben. Oder ein Leben in Fülle leben, in dem du dir all die Dinge leisten kannst, die du dir wünschst. Oder einfach mal den lang ersehnten Urlaub machen, von dem du schon so lange träumst. Egal, was es ist: Ich möchte dich genau darin tatkräftig unterstützen, dich klar auf dein Ziel auszurichten und es auch umzusetzen. Dafür ist es zunächst notwendig, sich immer wieder bewusst zu machen, dass jeder Gedanke und jedes Gefühl eine Resonanz im Außen nach sich zieht.

Oft höre ich: „Wenn ich das nötige Geld hätte, dann würde ich mir meinen Traum erfüllen", oder: „Wenn die Situation eine andere wäre, dann würde ich dies und jenes tun." Wie sieht es bei dir gerade aus? Würdest du auch gern mit dem, was du gerade tust, mehr Geld verdienen? Oder willst du dich vielleicht selbstständig machen, um eine Aufgabe zu haben, die dir mehr Spaß macht? Vielleicht hättest du auch gern eine neue Wohnung oder würdest dir sogar am liebsten ein Haus oder eine Wohnung kaufen? Sehnst du dich danach, eine kleine Auszeit einplanen zu können? Ein Sabbatical-Jahr einzulegen? Ein Leben, das dich erfüllt? Ein Leben mit mehr Freude und Leichtigkeit zu leben? Wünschst du dir, dich selbst zu verwirklichen und mit dem in Verbindung zu kommen, was dir den Sinn im Leben gibt? Vielleicht willst du auch einfach mehr vom Leben haben als das, was du gerade lebst — weil du eine innere Ahnung hast, dass da durchaus noch mehr möglich sein könnte.

Wenn du auch nur eine dieser Fragen mit Ja beantwortet hast, hältst du gerade das richtige Buch in der Hand. Ich erkläre dir, wie du dich genau in die Energie versetzen kannst, die du brauchst, um das in dein Leben zu ziehen, wonach du dich sehnst.

Persönliche Anmerkungen

Falls du dich gewundert hast, warum ich dich hier so einfach duze — das ist Absicht. Ich möchte dir in diesem Buch mit einem wertschätzenden „du" begegnen, da der Inhalt leichter und direkter im Kopf ankommt, wenn die Distanz, die das „Sie" mit sich bringt, fehlt.

In meinem Buch werde ich viele Beispiele aus der Sicht von Frauen erzählen — mögen mir alle Männer verzeihen und sich dennoch herzlich willkommen fühlen! Diese Thematik betrifft selbstverständlich Männer wie Frauen. Allerdings arbeite ich in meiner Praxis zu einem Großteil mit Frauen, sodass mein Erfahrungsschatz und somit auch die Beispiele aus weiblicher Sicht überwiegen.

Außerdem habe ich noch eine Bitte: Ich möchte dich in diesem Buch einfach darin bestärken, deine eigene Wahrheit zu finden und sie zu leben, dir Anregungen geben, um deine eigene Welt zu erweitern.

Eigene Erfahrungen

Die Erfahrung, wie es ist, pure Energie zu sein, habe ich schon vor meiner Geburt gehabt. Ich habe das Geschenk erhalten, sie in vollem Bewusstsein zu erleben und immer wieder meinen eigenen Körper im Leib meiner Mutter besuchen zu können. Denn ich weiß noch genau, wie es sich angefühlt hat, ein energetisches Wesen zu sein und in einen Körper hineingepresst worden zu sein. Das ist kein Hokuspokus, sondern ganz einfach meine Erfahrung. Energie zu spüren und zu sehen, die wir sind und die uns umgibt, ist heute ein wesentlicher Bestandteil meiner Arbeit geworden.

Die Erinnerungen an diese Gefühle sind so stark, dass ich sie bis heute behalten habe. Sie sind nach wie vor extrem präsent und beeindruckend — vor allem die Farben, die ich sah. Sie waren unfassbar schön. Ich spürte eine Verbundenheit mit allem, was ist, war ein unendliches Wesen ohne Körper. Als ich dann auf der Welt war, haben mir meine Eltern die gängigen Überlebensstrategien beigebracht, die sie wiederum von ihren Eltern mitbekommen hatten: Was möglich ist und was nicht, die Grenzen meines Seins. Ich lernte, dass Bäume eben nicht in den Himmel wachsen und man lieber kleine Brötchen backen und damit zufrieden sein sollte.

Ich habe meinen Eltern diese Realitäten des Lebens vorerst abgekauft und übernommen, sodass ich mit dem Start ins Erwachsenenleben als BWLerin stets versuchte, ein Leben zu führen, das man von außen betrachtet als erfolgreich bezeichnen würde.

Nach meinem Studium wurde ich Zentraleinkäuferin eines internationalen Modekonzerns und bestückte europaweit die Geschäfte. Nach Auffassung unserer Gesellschaft hatte ich mit diesem Job, der mir wirklich gutes Geld einbrachte, den Grundstein zu einem erfolgreichen Lebenskonzept gelegt.

Zwar fühlte ich mich nicht wirklich wohl in diesem Leben, aber ich dachte, dass es eben nur so funktionieren würde, Geld zu verdienen: sich bestmöglich anzupassen und zwölf Stunden am Tag hart zu arbeiten. Von der falschen Überzeugung motiviert, kletterte ich so Schritt für Schritt die Karriereleiter nach oben, denn „das macht man eben so". Ich tat, was man von mir verlangte und merkte nicht, dass ich diese Rechnung ohne mein Selbst gemacht hatte.

Tief in mir wusste ich immer, dass mehr möglich ist, als das, was man mir erzählt hatte: Schule — Arbeit — Familie — Rente. Ich plagte mich ständig mit dem Gefühl, dass doch noch mehr im Leben möglich sein müsse, als das, was ich da gerade lebte. Ich war unzufrieden, obwohl anscheinend alles einwandfrei lief. Doch tief in mir sehnte ich mich nach einem Leben in finanzieller Freiheit, nach mehr Freude, mehr Zeit, mehr Sinn und Selbstbestimmung. Wünschte mir ein Leben, das ich zu 100 Prozent aus mir selbst heraus gestalten könnte und das im Einklang mit mir stünde. Im Laufe der Zeit wurde dieses Gefühl immer stärker, bis ich an einen Punkt kam, an dem ich keine Kompromisse mehr eingehen wollte.

Natürlich hatte ich da noch immer Zweifel und der richtige Glaube an mich fehlte auch: Könnte ich es wirklich schaffen, von meiner Selbstständigkeit zu leben? Zu oft hatte ich gehört, wie schwer und hart das sei und wie wenige es wirklich geschafft hatten.

Ich erinnere mich noch heute — als sei es gestern gewesen — daran, wie es sich anfühlte, als ich meinen festen Job nach 13 Jahre kündigte: In mir tobte eine Mischung aus Panik, keinen Plan zu haben und totaler Euphorie, endlich frei zu sein. Diese beiden Gefühle dehnten sich über Tage hinweg in meinem Körper aus und wechselten sich dazu noch im Sekundentakt ab — ganz zu schweigen vom ständigen Zweifel, ob meine Entscheidung wirklich richtig war.

Ich habe in meinem Leben schon oft Entscheidungen getroffen, nach denen ich wieder ganz von vorn beginnen musste. Und ja: Ein kompletter Neustart macht erst mal Angst, weil er zunächst alle Sicherheiten aus den Angeln hebt. Aber meine Erfahrungen haben mich gelehrt, dass jeder fähig ist, sich immer wieder neu zu erfinden, von vorn zu beginnen.

Die größte Angst der meisten Menschen ist es, in den finanziellen Ruin zu steuern, wenn sie ihre alten Sicherheiten aufgeben — natürlich kenne auch ich dieses Gefühl. Ich habe immer voller Bewunderung zu den nach meiner Definition erfolgreichen Menschen aufgesehen, wie sie scheinbar mühelos alles erreichen, was sie wollen — mit vollkommener Leichtigkeit und immer einem Lächeln im Gesicht. Alles scheint ihnen zuzufliegen. Ich fühlte mich klein, nicht gut genug und verglich mich mit anderen, statt meinem eigenen Herzen zu vertrauen und ihm zu folgen. Und wenn mir dann mal was gelang, schob ich es auf einen glücklichen Zufall.

Zum Vergleich: Wenn jemand anderes etwas erreichte, dachte ich: Der hat einfach mehr drauf und viel mehr Glück als ich.

Was für ein Irrtum!

Ich hatte damals nur eine vage Idee davon, dass es möglich sein könnte, seinen Weg zu Glück, Erfolg, Geld, Fülle, Liebe und Gesundheit selbstverantwortlich und bewusst ansteuern zu können. Dass das nichts ist, was mal eben so von selbst passiert, sondern etwas, wozu ich mich bewusst entscheiden muss. Dass es einen Trick geben muss und ein System dahintersteckt, warum es immer wieder Menschen gibt, die ihren eigenen Weg so mutig und erfolgreich gehen können.

Ich glaube, dass wir mehr sind als das, was wir hier leben und dass jeder das Potenzial und die Fähigkeit hat, um den Plan seines Herzens in diesem Leben umzusetzen.

Ich bin damals jedenfalls meinem Herzen gefolgt, habe meine Ängste und Selbstzweifel überwunden und mich dem Fluss des Lebens anvertraut. Heute weiß ich, dass es keine Sackgassen gibt. Jede scheinbar ausweglose Lage hat einen Sinn und es gibt immer Möglichkeiten, sie zu ändern. Kein Leben stagniert völlig — es geht immer weiter. Alles kommt, geht und verändert sich ständig. In meinem Fall hat sich gezeigt, dass ich als Selbstständige meine Erfüllung gefunden habe.

Und das ging nur, weil ich unbeirrt dem Plan meines Herzens folgte. Dem eigenen Herzen zu folgen, ist selten der konventionelle Weg. Darum können ihn wenige Menschen auf Anhieb nachvollziehen. Seitdem ich meinem Herzen folge, fühle ich mich jedenfalls beseelt von dem, was ich hier in der Welt geben darf und genieße jeden Tag voller Dankbarkeit in meinem Leben.

Nach meiner Kündigung habe ich meine Ziele zunächst rein intuitiv erreicht, indem ich meinem Herz gefolgt bin. Manchmal klappte es gut, ein anderes Mal wieder nicht. Mir gelang es einfach nicht, meine innere Energie so einzustellen, dass sich meine Wünsche immer realisieren ließen. Also begann ich, all die Puzzleteilchen aus den letzten 20 Jahren von all den unzähligen Seminaren, Vorträgen, Workshops, Retreats, Ausbildungen und Büchern, die ich besucht und gelesen habe, zusammenzusetzen. Ansatzweise hatte ich das Prinzip verstanden, aber ich konnte es nicht zuverlässig abrufen und umsetzen — so habe ich in meinem Leben schon oft wieder von vorne begonnen, mich und mein Leben neu zu erfinden. Nicht immer stießen die vielen Entscheidungen, die ich traf, in meinem Umfeld auf Akzeptanz. Ich musste mir oft Kritik und Zweifel anhören, die mich stoppen wollten. Doch letztendlich waren es immer die Herzensentscheidungen, die mich langfristig weiterbrachten.

So habe ich viel probiert, experimentiert, gelesen und mit Menschen gesprochen, die das benötigte Wissen bereits hatten und schlüsselte das Prinzip der energetischen Zielerreichung für mich nach und nach auf, sodass es endlich steuerbar und verlässlich wurde. Herausgekommen ist dabei genau die Schritt-für-Schritt-Anleitung, die du jetzt in der Hand hast. Hier zeige ich dir einen ganz konkreten Weg auf, wie auch du deine Wünsche und Ziele auf energetische Weise realisieren kannst ... und dafür brauchst du jetzt weit weniger Zeit als meine 20 Jahre, nämlich nur 28 Tage. Das ist doch deutlich komfortabler! Denn es gibt tatsächlich eine Möglichkeit, sich bewusst auf die Energieebene zu bringen, mit der genau das in dein Leben tritt, was du wählst.

Warum es mir so wichtig ist, mein Wissen weiterzugeben

Ich wünsche mir, dass jeder in der Lage ist, sein Leben genau so zu gestalten, wie er es sich ersehnt. Warum sollte es dem einen Menschen möglich sein, quasi aus dem Nichts ein Millionen-Unternehmen zu erschaffen und dem anderen nicht?

Wie wäre es mit einem Beispiel? Joanne K. Rowling, die Autorin der Harry-Potter-Reihe war alleinerziehende Mutter, lebte nach einer Trennung sogar ein paar Jahre von Sozialhilfe. Trotz vieler Absagen von Verlagen, die ihr erklärten, mit Kinderromanen sei kein Geld zu verdienen, gab sie ihren Traum nie auf. Heute gehört sie zu den reichsten Frauen Englands. Sie hielt trotz Niederlagen stets an ihrem Traum fest.

Der Grund, warum manche Menschen es schaffen, ihre Träume zu verwirklichen, ist nicht, weil sie besser, intelligenter oder schöner sind oder aus besserem Hause kommen. Nein! Der Unterschied liegt in der Energie ihrer Gedanken und Gefühle, dem Grad an Bewusstheit und dem Wissen, wie sich die eigenen Wünsche ansteuern lassen.

Erfolgreich deine Ziele zu erreichen, das heißt, dass du in der Lage sein solltest, die richtige Energie über Gedanken und Gefühle ganz gezielt anzuzapfen — denn alles, wonach du dich sehnst, ist im Außen bereits als mögliche Realität angelegt und wartet nur darauf, für dich Wirklichkeit zu werden. Ich möchte dir dabei helfen, deine Ängste und Selbstzweifel zu überwinden, um dein Leben so zu gestalten, dass es deinem wahren Sein entspricht. Du hast die Möglichkeit, deine Wünsche und Ziele zu wählen und sie in dein Leben einzuladen. Klingt es nicht total aufregend und spannend, alles haben zu können, wonach du dich sehnst? Ja! Und genau das funktioniert tatsächlich.

Genügt dir das Leben, das du derzeit führst?

Wahrscheinlich hast du dir dieses Buch gekauft, weil du die Frage mit „Nein" beantwortest. In den Köpfen der meisten Menschen ist fest verankert, dass wir Geld, Zeit und Möglichkeiten brauchen, um den Traum von einem besseren Leben verwirklichen zu können. Deshalb werde ich in diesem Buch an mehreren Stellen speziell auf das Thema Geld eingehen — ist es doch einer der Hauptgründe, warum viele Menschen ihre Träume wieder auf Eis legen und sich damit selbst stoppen. Geld ist in unserer Welt die gängige Währung, um ein schönes Leben zu gestalten — das lernen wir schon als Kind. Doch es lohnt sich, diese Überzeugung zu überdenken.

Für mich ist an meinem Kontostand lediglich abzulesen, wie intensiv meine Entscheidungskraft, mein Leben aktiv zu gestalten und auf das auszurichten, was ich mir wünsche, gerade ist. Das klingt für dich unrealistisch? Ich werde mit dir in den 28 Tagen noch die wahrscheinlichsten Gründe durchgehen, weshalb du auf dem Weg zu deinem Wunschleben bisher immer wieder gescheitert bist und dir einen neuen Ansatz geben, damit auch du deine Ziele erreichen kannst und dich kein Geldthema mehr blockieren kann.

Was wirst du in den 28 Tagen lernen?

- ✓ Du erkennst deine unbewussten Denkmuster, die dich noch blockieren und baust ein neues Mindset auf.

- ✓ Du lernst, wie du deine Gefühle nutzen kannst, um auf deine innere Weisheit und Intuition hören und vertrauen zu können.

✓ Du erfährst, wie du bewusst die Energie in dir erzeugst, mit der du Glück und Erfolg in dein Leben ziehst.

✓ Und außerdem, welche konkreten Dinge du tun kannst, um deine Ziele auch Wirklichkeit werden zu lassen.

Welcher Ort ist die Welt für dich?

Jeder hat eine andere Perspektive auf die Welt. Es kommt darauf an, welche du gewählt hast. Wenn du zum Beispiel der Meinung bist, dass Hunde gefährlich und unberechenbar sind, wirst du große Angst vor Hunden haben und jedes Mal in Panik ausbrechen, wenn dir einer über den Weg läuft. Dabei ist es völlig egal, ob du diese Angst von jemanden übernommen hast oder selbst auf eine negative Erfahrung mit Hunden zurückblickst. Deine Ansicht wird zu deiner Wahrheit. Einer anderen Person wird beim Anblick des gleichen Hundes vielleicht vor Freude das Herz aufgehen — etwa jemand, der mit Tieren aufgewachsen ist oder als Kind einen Hund als besten Freund hatte. Für wieder eine andere Person ist ein Hund vollkommen unnötig: ein Wesen, das Arbeit macht, haart, stinkt und Geld kostet, während ein vierter Mensch im selben Hund noch mal etwas ganz anderes sehen wird.

Wer hat recht? Wer kennt die absolute Wahrheit? Haben vielleicht alle recht — oder gar keiner? Ist dieser Hund nun böse oder lieb?

Wie man etwas sieht, hat immer mit einem selbst zu tun und nie mit der Sache (oder dem Hund) an sich. Nur durch dich bekommt etwas Bedeutung.

Alles Ansichtssache!

Aber woher kommt nun diese Angst vor dem Hund, den ja jemand anderes als liebes Wesen sieht? Angst wird einzig und allein in deinem Körper produziert, weil du vielleicht als Kind von einem Hund gebissen worden bist. Diese Erfahrung wurde in deinem Unterbewusstsein gespeichert und seitdem bewertet dein Autopilot jeden Hund als potenziell böse.

Der Hund ist aber einfach nur ein Hund. Er ist weder gut noch böse. Es ist nur die Bewertung, mit der du auf den Hund schaust. Stell dir vor, du stellst um diesen Hund herum drei verschiedene Menschen mit drei unterschiedlichen Erfahrungen und Prägungen auf. Dann wirst du drei unterschiedliche Meinungen über ein und denselben Hund bekommen.

Der Hund ist aber immer noch der gleiche. Ein und derselbe Hund! Nur eben mit drei unterschiedlichen Ansichten und Bewertungen. Was ist er nun? Böse, lieb oder unnötig? Was stimmt? Oder hat niemand recht? Jeder sieht denselben Hund aus einer anderen Perspektive, aber im Prinzip ist der Hund einfach nur ein Hund. Besser gesagt, er beinhaltet alles, was ist.

Da der Hund nur ein Hund ist, wird er allein durch unsere verschiedenen Ansichten zu dem Hund, den wir sehen. Für dich ist diese Perspektive auf ihn eine Wahl, die du irgendwann aufgrund deiner Erfahrungen getroffen hast und die du bis heute weiterlebst. Du projizierst deine Perspektive auf den Hund und machst ihn damit zum Abbild dessen, was du gelernt oder erfahren hast.

Was wäre der Hund ohne das Trauma oder Drama des Menschen, der ihn betrachtet? Was könnte die Welt für ein Ort sein ohne unsere eigenen Traumata? Stell dir vor, du könntest die Welt ganz frei, ohne deine von Erfahrungen geprägten Ansichten betrachten! Wenn du die Dinge so sehen könntest, wie sie eben einfach sind: als reine Energie, der du durch deine Ansicht eine Bedeutung gibst.

Eine neue Realität zu erschaffen beginnt damit, genau diesen Mechanismus anzuerkennen. Und dann einfach eine neue Wahl zu treffen: Wie möchtest du ab heute die Dinge sehen? Je mehr du dich von deinen Ansichten und Bewertungen löst, desto weiter wird deine Welt sein. Und bevor du fragst: Ja, auch Energie ist neutral. Aus diesem Grund ist Angst fast immer eine Illusion, die du in deinem Kopf geschaffen hast und die nicht real ist — es sei denn, du stehst grad wirklich einem hungrigen Löwen gegenüber. Oder einem Bus in voller Fahrt mitten auf der Straße.

Bewusstsein: meine Definition

„Bewusstsein" bedeutet aus meiner Sicht, in der Lage zu sein, den Geist so weit auszudehnen, dass alles wahrgenommen und empfangen werden kann, was im gegenwärtigen Moment tatsächlich möglich ist. Bei gleichzeitig vollkommener Freiheit aller Bewertungen, Ansichten und frei von inneren Grenzen. Im Grunde kann man sagen: Je weniger verkopft und wertfreier wir wahrnehmen desto besser können wir unser Bewusstsein ausdehnen.

Ich benutze den Ausdruck Bewusstsein weniger für den Zustand, mit dem ein Mensch mit allen Sinnen seine Umgebung erkennt, sondern für mich geht Bewusstsein noch weiter. Bewusstsein bedeutet für mich auch, dass wir über unsere Umgebung und deren Realität hinaus Dinge wahrnehmen. Das, was tatsächlich jetzt möglich ist. Es ist das Gegenteil des unbewussten Autopiloten mit all seinen übernommenen

Gedanken, Gefühlen und Ansichten, der normalerweise unseren Alltag bestimmt.

Wenn wir mit unserer Aufmerksamkeit ganz bewusst im Hier und Jetzt sind, also den persönlichen Autopilot-Modus verlassen, beginnen wir, diese Energien zu spüren und können anfangen, sie bewusst zu lenken. Da wir diese Art der Wahrnehmung im Alltag nicht oft praktizieren, klappt die Umsetzung nicht von heute auf morgen und bedarf einiger Übung. Als kleiner Tipp: Hier macht sich eine regelmäßige Meditationspraxis extrem positiv bemerkbar. Damit gelangst du in diesen gedankenleeren, wertungsfreien Bewusstseinszustand, in dem sich alles um dich herum viel langsamer und wie in einem ausgedehnten Raum anfühlt. In diesem Raum kannst du die Dinge wahrnehmen und nach deinen Vorstellungen verändern. Hier erhältst zu Zugang zu den universellen Energien. Genau da liegt dein ganzes Potenzial. Hier bist du mit allem verbunden, was ist: der Quelle.

Du wirst in dem 28-Tage-Programm mehrere Meditationsübungen kennenlernen, die es dir ermöglichen sollen, in diesen Raum einzutauchen.

Energie: meine Definition

Alles um dich herum ist Energie. Deine Gedanken, dein Fühlen, du als ganzes Wesen — das alles ist reine Energie. Du bist genauso Energie wie alles, was um dich herum existiert. Du bist ein energetisches Wesen, das jetzt wieder beginnt, sich daran zu erinnern, wie man diese Energie nutzen kann.

Du bist weit weniger Materie als unendlicher Raum und pure Energie — ebenso wie die Realität, die du gerade vor dir siehst. Im Prinzip ist nichts wirklich fix, alles unterliegt einem ständigen Wandel. Materie verändert sich ständig. Und Leben ist permanente Veränderung.

Was heute ist, wird sich morgen schon wieder verändert haben und das jeden Tag aufs Neue. In jedem Moment ist vollständige Veränderung möglich. Im Prinzip sind um dich herum lauter kleine Moleküle, die sich ständig nach deiner energetischen Vorstellungskraft neu formieren.

Deine Energie entsteht über chemische Reaktionen in deinem Körper, die durch deine Gedanken, Ansichten und Emotionen ausgelöst werden. Alles, was du denkst, setzt dein Körper augenblicklich in die ihm eigene Chemie um, deshalb fühlst du dich deinen Gedanken entsprechend. Da dein Körper aber genauso Energie ist wie alles andere da draußen, sendest du über deine Gefühle eine entsprechende Energie ins Außen, was wiederum zu dir zurückgespiegelt wird. Das nennt man Resonanz. Das heißt, es kann sich im Außen nur das zeigen, womit du in deinem Inneren in Resonanz bist. Das heißt, du ziehst exakt die Energie in dein Leben, die dir gerade entspricht. Deine derzeitige Situation spiegelt lediglich deine Energie aufgrund der Gedanken und Gefühle, die du bis jetzt hattest.

Deine Wünsche, deine Energie

Ich weiß, es hört sich erst einmal gemein an — aber es ist einfach so: Das, was du gerade lebst, ist exakt das, was du selbst in dein Leben gezogen hast. Wenn du zum Beispiel deinen Job verloren hast, frag dich doch mal, ob du nicht vorher schon heimlich um eine Veränderung gebeten hast, weil dich dein Job in Wirklichkeit schon lange genervt hat und du schon längst beschlossen hattest, auszusteigen.

In Wahrheit hättest du besser um eine neue Aufgabe bitten sollen, die dir besser entspricht. Dann hätte sich auch genau diese Energie zeigen dürfen — in Form einer Aufgabe, die dir mehr Freude bereitet. Es sind diese inneren Konflikte, die heimlichen Gedanken und Emotionen, die dazu führen, dass so oft der eigentlich erwartete Erfolg auf der Stecke bleibt.

Energetische Entsprechung oder Karma?

Wenn du geübter darin wirst, die Energie deines Wunsches an dich zu ziehen, wirst du merken, dass sich deine Gedanken immer schneller im Außen zeigen — aber Gott sei Dank immer noch mit einer gewissen Zeitverzögerung. Denn stell dir mal vor, alles würde sich im selben Moment deines Gedankens zeigen ...

Mit Energie: kleine Ziele, große Ziele

Und wie geht das? Du musst die Energie deines Wunsches über einen längeren Zeitraum halten, sie visualisieren und mit dem entsprechenden Gefühl zum Leben erwecken. Dann erzeugt sie ein Energiefeld in dir, das wie ein Sog deinen Wunsch anzieht.

Bei großen Dingen braucht es deutlich mehr Zeit als 28 Tage, damit sich die Realität umgestalten kann. Mein Wunsch, mich selbstständig zu machen, hat beispielsweise von der Idee zur tatsächlichen Umsetzung etwa fünf Jahre gebraucht. Du wirst also nach dem 28-Tage-Programm nicht die ganz großen Ziele umgesetzt haben.

Allerdings bekommst du einen Leitfaden, mit dem du dich in deinem eigenen Tempo bewegen darfst. Du kannst mit dem Programm die kleinen Ziele des Alltags sehr gut umsetzen.

Und vor allem lernst du, wie du dich später auch an die großen Ziele heranwagen und sie ebenfalls realisieren kannst. Du wirst mit der Zeit lernen, achtsamer mit dem zu sein, was du denkst und fühlst. Und viel klarer in dem werden, was du dir wünschst.

Besonders viel Energie: Dankbarkeit und Freude

Die Gefühle der Dankbarkeit und Freude sind besonders starke Energien, um deinen Wunsch in dein Leben zu ziehen — sozusagen ein Megabooster für die Wunscherfüllung.

Aus diesem Grund nimmt die Dankbarkeit einen besonders großen Stellenwert in dem 28-Tage-Programm ein. Wenn du bereits jetzt für etwas dankbar bist und es in dir ein Gefühl der Freude erzeugt, das du zukünftig haben möchtest, wirkt sich das mehr als positiv aus. Sag dir zum Beispiel: „Ich bin dankbar dafür, dass Geld aus allen Quellen zu mir fließt", oder: „Ich bin dankbar, mit Menschen zu arbeiten, die mich respektieren und gut bezahlen", oder auch: „Ich bin dankbar für die finanzielle Freiheit, die mich all meine Träume verwirklichen lässt."

Wie Wünsche Beine bekommen und laufen lernen

Vielleicht fragst du dich jetzt: „Okay, aber ... was soll ich mir denn überhaupt wünschen?" Oder: „Was würde mich denn glücklich und zufrieden machen?" Damit bist du bei Weitem nicht allein. Die meisten Menschen wissen, was sie nicht mehr wollen. Aber die wenigsten wissen, was sie wirklich brauchen, um zufrieden zu sein. Es gibt viele Menschen, die sich so sehr darauf eingestellt haben, sich anzupassen und zu funktionieren, dass sie vergessen haben, sich zu fragen, was sie sich eigentlich wirklich wünschen. Innerlich spürst du zwar, dass etwas Entscheidendes in deinem Leben fehlt, aber du gehst den Fragen: „Was ist mein Weg in die Zufriedenheit? Was kann ich tun, um Zufriedenheit im Leben zu finden?" nicht mehr nach. Stattdessen machst du immer weiter, versuchst, dich in dein Leben zu quetschen, dich anzupassen und dich von deinen Bedürfnissen abzuschneiden — um es anderen recht zu machen. Jeden Tag fühlst du dich davon immer mehr ausgebrannt, ausgelaugt, gefangen — oder stumpfst ab und es fehlt dir an Inspiration und Leidenschaft. Und das passiert, ohne dass du es bewusst merkst. Es geschieht ganz unbemerkt im Hintergrund, während du weiter so funktionierst, wie du denkst, dass es für dein Umfeld gut ist.

Die Antworten auf die Fragen "Was kann ich anderes tun? Was zählt wirklich? Was ist es, das mir fehlt? Was kann ich jetzt meinem Leben hinzufügen, damit ich Erfüllung finde?" liegen in deinem Inneren. Der Schlüssel zu diesen Antworten ist ein einzigartiger Weg, den nur du gehen kannst. Sobald du dich vom Außen befreist und dich bewusst mit deinem Inneren verbindest, erhältst du nach und nach Antworten auf das, was von deinem Herzen gelebt werden möchte. Die meisten Menschen nehmen das Leben so, wie es kommt und denken: „So ist das eben. Ich weiß nicht, was ich anders tun sollte."

Stell dir einmal zwei selbstständige Floristinnen vor. Die eine hat den Blumenladen ihrer Mutter übernommen, weil das der einfachste Weg war, um Geld zu verdienen. Sie hatte schon seit ihrer Kindheit einen Bezug zu Blumen, wuchs damit auf — so war es eine für sie logische Konsequenz, den Blumenladen zu übernehmen und weiterzuführen.

Und jetzt stell dir eine Büroangestellte vor, die es liebt, sich in ihrer Freizeit mit Blumenarrangements zu beschäftigen. Es ist ihre größte Leidenschaft und der Ausgleich zu ihrer Bürotätigkeit, sodass sie aus dieser Beschäftigung neue Energie tanken kann. Sie spürt, dass ihr das Herz aufgeht, wenn sie sich mit der Schönheit und Farbenpracht der Blumen beschäftigt und ist dann immer vollkommen eins mit sich und der Welt. Ihre Freunde sind begeistert über ihre besondere Art der Zusammenstellung von Blumensträußen. Und irgendwann beschließt sie, aus der Langeweile ihres Bürojobs auszubrechen und eine Umschulung zur Floristin zu machen. Sie hat die Vision, sich selbstständig zu machen und die schönsten und innovativsten Blumensträuße der ganzen Stadt anzubieten.

Und, was denkst du? Welche der beiden Floristinnen macht wohl den schöneren Strauß? Die, die mit Herzblut und aus ihrer Leidenschaft heraus ihrem Herzen folgt oder die, die es einfach nur aus praktischen Gründen und Tradition tut?

Es erübrigt sich wohl zu sagen, dass diejenige, die ihrem Herzen folgt, das erfülltere und erfolgreichere Leben führt.

Das gilt für jeden Beruf: ob du Bankerin, Yogalehrerin, Grafiker oder etwas ganz anderes bist — du bist nur dann der oder die Beste in dem, was du tust, wenn es deiner Passion entspricht. Wenn es das ist, was dich tief in deinem Herzen ausfüllt und den Menschen dient.

Folge deinen Herzens-Bildern!

Was du aus voller Freude tust, ist das, was dir den Sinn im Leben gibt. Spüre deiner Freude im Herzen doch einmal nach!

Und folge dann den dabei auftauchenden inneren Bildern — sie sind es, die sich im Außen gern zeigen möchten, wenn du es dir erlaubst und ihnen nachgibst. Diese Bilder sind nichts anderes als eine bereits für dich vorgesehene Zukunft, die du wählen kannst. Probier' es doch gleich mal aus und schließe deine Augen!

Vielen ist gar nicht die Konsequenz der Tatsache bewusst, dass alles, was da draußen geschieht, die direkte Folge ihrer Gedanken, Gefühle und Handlungen ist. Viele sind unzufrieden mit ihrem Leben und ihnen fehlt noch das Bewusstsein, dass sie ganz einfach eine andere Wahl treffen könnten. Da bei den meisten Menschen noch das kollektive Denkmuster vorherrscht, denken sie, dass sie nicht die Macht besitzen, ein Leben nach ihren Vorstellungen zu leben.

Du scheinst anders zu sein — Glückwunsch!

Denn du liest dieses Buch. Du scheinst bereits eine Ahnung davon zu haben, dass du sehr wohl direkten Einfluss auf dein Leben nehmen und es frei nach deinen Vorstellungen gestalten kannst. Oder zumindest hast du wohl eine tiefe Sehnsucht danach.

Welche Wünsche möchtest du dir erfüllen?

Das, was dich wirklich im Leben erfüllt, fällt nicht plötzlich vom Himmel. Es entwickelt sich erst mit der Zeit und entsteht aus gelebten Erfahrungen, die dich immer näher zu dem führen, was dich wirklich zum Strahlen bringt. Finde heraus, was dir wirklich Freude bereitet und verfeinere so immer mehr deine Vision vom perfekten Leben. Folge dabei den Impulsen und Intuitions-Momenten, die dir während des Tages begegnen.

Wenn deine Aufmerksamkeit ständig um ein bestimmtes Thema kreist, das dein inneres Feuer zum Lodern bringt, dann ist es mit großer Wahrscheinlichkeit das, wonach sich dein Herz wirklich sehnt.

Du bist hier auf dieser Welt, um all deine Träume zu realisieren. Denn genau sie sind das in dir schlummernde Potenzial, das gelebt werden möchte. Es sollte zu deiner Begierde werden, dich jeden Tag zur besten Version deines Selbst zu entwickeln, deine Talente zu fördern, dir jeden Tag das beste Leben zu schenken, das dir möglich ist. Jeder Mensch ist einzigartig in seiner Art zu sein. Genauso einzigartig wie das, was dein Herz in diesem Leben erfahren möchte. Im Leben sollte es dein Ziel sein, dass du deine Einzigartigkeit, dein Potenzial und deinen Ausdruck uneingeschränkt leben kannst — und dieses Wissen sollte jeder Mensch vermittelt bekommen, um seine Ziele bewusst steuern und realisieren zu können.

Hör auf dich selbst!

Es klingt so einfach. Doch das ist es leider nicht immer: Höre mehr in dich, statt im Außen nach Möglichkeiten zu suchen — dann wirst du spüren, was dein Weg ist.

Einer der bedeutendsten Künstler der italienischen Hoch-Renaissance, Michelangelo, hatte in seinem Inneren bereits ein sehr genaues Bild von seiner David-Skulptur, als er den Marmorblock das erste Mal sah. Und dann entfernte er aus dem Marmorblock lediglich die Teile, die seinem inneren Bild von David nicht entsprachen — und genau so solltest du dein Leben gestalten. Entferne alles, was dich vom vollkommenen Bild deines idealen Selbst trennt bis das Außen deinem inneren Bild entspricht. Dein Gefühl der Freude ist dabei der Wegweiser zu deiner Erfüllung.

Wenn du alles entfernst, was sich nicht gut anfühlt und anfängst, mehr von dem zu wählen, was dich zum Lächeln bringt, näherst du dich Schritt für Schritt dem, was dir entspricht.

Die meisten Menschen beklagen sich über den Mangel an Geld oder Zeit und über die Umstände oder die Ungerechtigkeit der Welt. Dabei geben sie Gott und der Welt, dem Partner, dem Chef, den Eltern oder sonst wem, die Schuld am Stillstand ihres Lebens und glauben, dass sie keinen Einfluss darauf haben. Sie denken, der Verlauf ihres Lebens wäre den Umständen und der Willkür anderer ausgeliefert und sie seien nur Opfer der äußeren Umstände.

Ich weiß, dass du anders bist und eine Ahnung davon in dir trägst, dass dem nicht so ist — du bist bereit für den nächsten Schritt, um dein Leben selbstbestimmt in die Hand zu nehmen. Deine innere Stimme sagt dir, dass noch mehr möglich ist, als das, was du im Moment lebst. Dass etwas in dir schlummert, was gelebt werden möchte — du hast nur noch nicht den Weg gefunden, der sich leicht anfühlt und dir ein Lächeln aufs Gesicht zaubert.

Vielleicht spürst du auch Selbstzweifel in dir, sobald du an deinen Wunsch denkst, hast Angst, es vielleicht nicht schaffen zu können oder dass etwas Schlimmes passieren könnte, wenn du damit beginnst. Du hast dich wahrscheinlich bis jetzt immer dem Außen angepasst, zumindest so gut es ging, hast das gelebt, was dir andere empfohlen haben. Doch so wirst du nie die Möglichkeiten leben, die deinem wahren Sein entsprechen.

Du hast immer die Entscheidungsfreiheit über das, was du leben möchtest. Dass irgendetwas im Außen mehr Macht über dein Leben haben könnte als du selbst, ist reine Illusion. Denn das Einzige, was dich stoppt, ist dein Kopf.

Warum bittest du nicht um das, was du dir wünschst?

Kommen wir wieder zurück zu dem Punkt, an dem wir feststellten, dass das Außen nur ein Abbild deiner Gedanken und Gefühle, also deiner eigenen, inneren Welt ist.

Woher kommt es denn nun genau, dass wir uns immer wieder stoppen? Wir fühlen zwar, dass wir gern etwas Bestimmtes hätten und noch fast im selben Moment versuchen wir auch schon es uns wieder auszureden. Wir fühlen, dass die alte Wohnung uns nicht mehr guttut und wünschen uns vielleicht zusätzlich einen Balkon oder ein schöneres Bad. Zuerst zaubert uns der Gedanke an eine neue Wohnung vielleicht ein Lächeln ins Gesicht, aber gleich darauf zerstören wir diesen Herzenswunsch systematisch und reden ihn uns schlecht mit Gedanken wie: „zu teuer, zu anstrengend, zu viel Arbeit mit dem ganzen Ausmisten. Und neue Möbel müsste ich auch noch kaufen ..." Solange, bis wir den Wunsch wieder verwerfen, obgleich doch diese Sehnsucht unbestreitbar da ist.

Was deinen Wünschen im Weg stehen kann

Was ist das, was da in uns abläuft? Ein automatisches Traum-Zerstörungsprogramm? Und wenn ja — woher kommt es, wer hat es installiert und können wir es umprogrammieren?

Achtung, Autopilot!

Ich habe eine gute Nachricht für dich: Ja, das kannst du! Wenn etwas in unserem Autopiloten, also im Unterbewusstsein, programmiert wurde, dann kannst du es auch wieder entfernen. Das einzige, was du dazu brauchst, ist das achtsame Bewusstsein dafür, dass in dir ein bestimmtes Programm läuft, das dir deine Wünsche immer wieder schlecht redet und damit zerstört. Wenn du die Angst, die deinen Wunsch verhindert, erst einmal erkannt hast, dann kannst du sie umprogrammieren oder sogar ganz loslassen.

Stell dir vor, dass dein Autopilot alle Ansichten aus deiner Kindheit, deiner Jugend und deinem Erwachsenenleben gespeichert hat. Bis heute hast du dort alles abgelegt, was du jemals gehört und erfahren hast. Selbst, wenn du dich nicht mehr an alles erinnern kannst — alles, und damit meine ich wirklich alles, ist in deinem Unbewussten abgespeichert. Dein Verhalten, dein Denken und dein Fühlen resultieren aus diesen übernommenen Ansichten.

Der Autopilot steuert deine Handlungen, Gedanken und Gefühle zu 98 Prozent — dein tatsächliches Bewusstsein übernimmt lediglich die winzigen zwei Prozent. Das bedeutet, dass du dein Leben im Alltag nur zu zwei Prozent bewusst steuerst, denn in der Regel überlassen wir dem Autopiloten die Entscheidungen — ganz nach dem Motto: „Das ist halt so."

Emotionaler Ballast

Darüber hinaus tragen wir auch noch den emotionalen Ballast unserer Eltern, Großeltern und weiteren Vorfahren mit uns herum. Du nimmst, schon bevor du geboren wirst, über deine Gene alle Informationen deiner Eltern auf. Und als Kind übernimmst du bis zum fünften Lebensjahr erst einmal das komplette Lebensmodell deiner Eltern. Wie werden Beziehungen gelebt, wie funktionieren Nähe und Distanz, Kommunikation, Vertrauen, Liebe?

In der epigenetischen Forschung hat man herausgefunden, dass alle Traumata und Erfahrungen unserer Eltern auf molekularer Ebene in unserem Zellbewusstsein abgespeichert werden. Diese Informationen werden somit an die nächste Generation weitervererbt. Was bedeutet, dass du teilweise mit einem Grundgefühl auf die Welt kommst, was nicht deins ist, sondern das deiner Eltern. Damit läufst du dann durchs Leben bis du durch achtsames Bewusstsein dahinterkommst, dass das, was du da lebst, gar nicht deins ist. Manche Menschen arrangieren sich mit diesem Umstand statt sich zu fragen, ob es das ist, was sie im Leben wirklich möchten — das kannst du natürlich auch machen. Aber achtsames Bewusstsein genügt schon, um damit aufhören zu können, dich zu arrangieren und mit dem anzufangen, was für dich besser funktioniert.

Molekulare Strukturen lassen sich verändern, denn alles ist Energie und in ständiger Veränderung. Leben ist Veränderung und Veränderung ist die einzig echte Konstante im Leben.

Du veränderst dich in jedem Moment — wenn du abends ins Bett gehst, bist du durch die Erfahrungen, die du tagsüber gemacht hast, eine andere Person als du es noch am Morgen warst. Dein Körper ist in ständiger Veränderung. Ich sage es ja nicht gerne, aber dein Körper wird jeden Tag älter und über die Jahre kannst du das sogar sehen. Leben ist also eine permanente Veränderung — im Innen wie im Außen — und damit kannst du auch dein Verhalten, Denken und Handeln immer wieder verändern. Nichts ist fest, alles ist sich ständig verändernde Energie, wie auch du.

Wenn du in deinem Leben negative Erfahrungen gemacht hast, habe ich eine gute Nachricht für dich: Die Vergangenheit hat keine Macht über dich! Die einzige Macht liegt in der Gegenwart und ist deine eigene Entscheidungsmacht über deine Gedanken und Möglichkeiten, wie du deine Zukunft kreieren willst.

Und jetzt stell dir das mal vor: Du versuchst bis heute unbewusst, dich ständig dem Lebensmodell deiner Eltern anzupassen. Die meisten Einstellungen und Ansichten sind die deiner Eltern und du lebst in vielen Bereichen nur das, was du von deinen Eltern, deiner Familie und der Gesellschaft gelernt und übernommen hast. Bisher war schlichtweg kein Platz für das, was du dir wirklich wünschst — wie auch, wenn du versuchst, es allen anderen recht zu machen?

Die Zweifel, die du in deinem Kopf hörst, sind oft die mahnenden Stimmen aus deiner Kindheit und entsprechen heute nur noch selten der Wahrheit über deine Fähigkeiten. Das ist es, was wir in der ersten Woche des 28-Tage-Programms beleuchten und aufräumen werden: dein Mindset.

Was denken die anderen von mir?!

Kennst du den Gedanken: „Was denken denn die anderen, wenn ich dies und jenes mache?" Es kommt in der Regel spätestens dann, wenn du anfängst, darüber nachzudenken, aus deinem Hamsterrad auszubrechen.

Und — lass mich raten — nach diesem Gedanken fällst du meist in dich zusammen und redest dir deinen Traum sofort wieder aus, nach dem Motto: „Ach, das klappt ja eh nicht", oder: „Das schaffe ich nie", oder: „Ich bin nicht gut genug." Und nachdem du dich mit diesen Ansichten energetisch auf ein Minimum reduziert hast, fühlst du, wie sich Resignation, Traurigkeit und ein Gefühl der Leere in dir ausbreiten. Ja — so fühlt es sich an, wenn du deinem Herzen nicht folgst und dein Leben lieber dem deiner Eltern, Freunde, Arbeitskollegen oder sonst wem anpasst.

So, als wärst du ein Delfin und würdest versuchen, dich in ein enges Aquarium zu zwängen, weil es nun mal dem Lebenskonzept der Allgemeinheit entspricht, in einem Aquarium zu schwimmen. Stell dir vor, Menschen hätten dem Delfin gesagt: „Schau mal, hier bist du sicher. Du bekommst jeden Tag was zu fressen und brauchst dich um nichts weiter zu kümmern." Würde das einem Delfin Freude bereiten? Wohl kaum! Er müsste sich das Meer ständig schlecht reden, um die Enge im Aquarium ertragen zu können. „Im Meer ist es ja schon sehr gefährlich. Die Umweltverschmutzung schreitet voran und es gibt durch die hohe Abfischung der Meere viel zu wenig Nahrung ..." Aber ist das wirklich die Wahrheit? Oder eher ein Schönreden und Zurechtbiegen der gegenwärtigen Situation aus einer Angst heraus, etwas anderes zu tun oder anders zu sein? Verleugnet der Delfin nicht die Entsprechung seiner wahren Natur — in Freiheit unter Artgenossen die vollkommene Freiheit zu genießen?

Und jetzt stell dir mal vor, der Delfin könnte frei wählen, wo er gern schwimmen möchte. Würde er das Aquarium oder das Meer wählen? Ich bin mir sicher, du kennst die Antwort.

Doch genau das ist es, was wir tagtäglich tun: Statt die Freiheit zu wählen, passen wir uns an. Die Welt ist so groß und mit so vielen Möglichkeiten ausgestattet, wie viel du dir erlaubst, von der Welt zu empfangen. Du bist das Limit deiner Möglichkeiten.

Das Limit setzt du durch die Bewertungen fest, was du für möglich hältst. Je mehr du deine inneren Begrenzungen durchbrichst, umso größer wird deine Welt.

Je mehr du dich vom Außen wegbewegst und deine Aufmerksamkeit nach innen richtest, umso mehr beginnst du zu fühlen, was dich glücklich macht. Schalte deinen Kopf und deinen Verstand aus und beginne, über deine Gefühle deinem Herzen zu folgen.

Und noch einmal: Es geht nicht darum, WIE du vom Aquarium zum Meer kommst. Du triffst lediglich die Wahl, dass du lieber in Freiheit im Meer schwimmen möchtest. Mehr braucht es nicht!

 Willst du weiter im Aquarium schwimmen oder dein Leben in Freiheit genießen?

Wir sind so sehr darauf konditioniert worden mit dem Strom der Gesellschaftsnormen zu schwimmen, dass wir die schöpferische Kraft, die wir besitzen, um unser Leben zu gestalten, völlig vergessen haben. Wie hört sich das für dich an: Du als machtvoller Schöpfer deiner Welt?

Bestandsaufnahme

Eigentlich hast du schon alles, um frei zu sein!

Ich höre schon all die „Neins" in deinem Kopf: dass das alles eben nicht immer möglich ist, dass es Grenzen gibt, dass es dein Umfeld, deine derzeitigen Umstände, die Zeit oder die geringen finanziellen Mittel es nicht zulassen, wirklich frei dein volles Potenzial zu leben, deine Träume zu verwirklichen. Aber soll ich dir verraten, was ich davon halte? Blödsinn! Ich glaube dir kein einziges Wort!

Natürlich kannst du dir weiter einreden, dass so etwas für dich eben nicht möglich sei. Aber ich möchte diese Begrenzung in deinem Kopf mit dem Inhalt dieses Buches sprengen und dir zeigen, dass du es sehr wohl kannst.

Du kannst alles in dein Leben ziehen, was dir dienlich ist und du darfst aufhören, dich anzupassen und dich nach anderen zu richten. Du hast alles, um wirklich frei zu sein: einen freien Willen, mit dem du bestimmen kannst, in welchen Bahnen dein Leben verläuft.

Du bist auf dieser Welt, um zu deiner eigenen Vollendung in jeglicher Beziehung beizutragen. Glaub mir, da steht niemand hinter dir, der dich nach dem bewertet, was und wie viel du gern in dein Leben ziehen möchtest. Dich bewertet und limitiert nur einer: du selbst.

Ob du also 1.000 Euro in dein Leben ziehst oder 10.000 Euro und welche Rolle dies für dich spielt, entscheidest du allein.

Du darfst das!

Es ist vollkommen in Ordnung, wenn du gut für dich sorgst, denn niemand kann das so gut wie du selbst.

 Wenn dein Lebensplan an die Tür klopft und du dem Ruf nicht folgst, wird es im Außen oft ganz schön unbequem

Deswegen gelingen uns manche Sachen im Leben nicht — weil sie einfach keine Bedeutung für unseren Lebensplan haben. Das kann zum Beispiel in Beziehungen, Freundschaften oder Jobs der Fall sein. Oder, wenn es dort für deine Seele nichts mehr zu erfahren gibt. Die Wahrheit ist, dass Ängste genauso ein Bestandteil unserer Gefühle sind wie Freude oder Freiheit. Das eine gibt es nicht ohne das andere. Das heißt also: Um glücklich zu sein, musst du auch die Angst annehmen können. Erst, indem du das Dunkel der Angst durchbrichst, kommst du in das Licht der Freude, Liebe und Freiheit.

Und ich sage es nicht gern, aber das ist eine tägliche Entscheidung, die du immer wieder neu treffen musst. Das wird nie aufhören. Es ist nicht so, dass du irgendwann mal die Angst durchbrechen und dann nie wieder Ängste und Selbstzweifel haben wirst. Nein! Jedes Mal, wenn du davorstehst, einen Traum zu verwirklichen und dein Leben zu verändern, wirst du wieder Ängste und Selbstzweifel überwinden müssen. Also stell dir bitte stets die Frage, welchen Teil in dir du „füttern" möchtest: die Ängste oder die Liebe und Freude?

 **Ich selbst bin die Quelle für unendliche Fülle!**

Entlasse Schuld, Sühne und das schlechte Gewissen aus deinem Energiefeld und erlaube dir, die unendliche Fülle zu empfangen oder auch abzulehnen und weiter zu verfeinern.

Negative Gedanken sind Energieräuber

Du musst übrigens noch nicht mal wissen, wie das Haus, der Traumurlaub oder mehr Freude genau zu dir kommen sollen. Du entscheidest dich einfach, dass du es jetzt haben möchtest. Spüre dann in dich hinein, was es für dich bedeutet — also zum Beispiel, wie es sich anfühlt, in diesem neuen Haus zu wohnen. Spüre deinen Körperwahrnehmungen nach bis du das wohligste Gefühl davon überhaupt hast. Und jedes Mal, wenn dir etwas im Außen begegnet, das passen könnte, gleichst du es mit dieser inneren Energie ab. Das machst du so lange, bis du genau das Gefühl hast, was deinem Wunsch entspricht.

Wenn du ein Haus suchst, schau dir viele Immobilien an, so wird dein inneres Bild von dem, was für dich passt, immer klarer. Vor allem, wenn du noch nicht so geübt bist, braucht es ein paar Anläufe bis es wirklich passt. Aber mit jeder neuen Besichtigung wirst du konkreter sagen können, was du genau haben möchtest.

Aber Achtung, es geht weniger um das Haus an sich, sondern mehr um das Bedürfnis, das dieses Haus für dich erfüllen soll. Was dir auf dem Weg dorthin begegnet, hilft dir, in dem, was du willst, konkreter zu werden. Und wenn du ein Haus besichtigst, das überhaupt nicht passt, dann weißt du, was es nicht sein soll. Auch über negative Eindrücke bekommst du eine bessere Ahnung und mehr Informationen von dem, was du dir wirklich wünschst.

Das Einzige, was du wirklich beachten musst, ist: Kein negativer Gedanke und keine negativen Gefühle wie Sorgen, Zweifel oder Ängste dürfen in Verbindung mit deinem Wunsch auftauchen. Also kein „Das kann ich mir nicht leisten", „Das schaffe ich nicht", „Wie soll ich das Ganze überhaupt finanzieren?" Diese Gedanken kennt jeder von uns.

Aber: Alles materialisiert sich nach dem Abbild deiner Gedanken und Gefühle. Dein Körper zieht in Resonanz nur das an, was ihm entspricht — was auch erklärt, warum manchen Menschen scheinbar nur Negatives widerfährt ... ganz einfach, weil sie negativ denken. Damit werden wir uns im Folgenden noch ausführlich beschäftigen.

Wie viel Geld braucht das Glück?

Die meisten von uns haben gelernt, dass Geld etwas Schlechtes, ein knappes Gut oder beides ist. Weitere typische Überzeugungen, die sich in den meisten Köpfen festgesetzt haben, sind, dass es unglaublich schwer ist, Geld zu verdienen und noch viel schwerer, es zu behalten. Oder auch, dass man viel Geld nur durch Trickserei und Betrug verdienen kann. Vielen von uns wurde beigebracht, dass wir gierig, egoistisch, zu ehrgeizig, unmoralisch oder oberflächlich seien, wenn wir zu viel Geld für uns und unser Leben verlangen. Gerade Frauen wurden dazu erzogen, ihrem näheren Umfeld dienlich zu sein — und das bitte ohne Gegenleistung.

Zuerst: Zweifel ausschalten

Die Dimension der Ängste und Selbstzweifel unserer Gesellschaft in Bezug auf Geld wurde mir erst durch meine Arbeit in der Praxis so richtig bewusst. Da merkte ich, dass sich die wenigsten Menschen vorstellen können, finanzielle Freiheit zu erreichen — was sie wiederum enorm zurückhält, wenn es darum geht, ihre Wünsche umzusetzen. Die größte Angst, die Menschen ausbremst und daran hindert, sich frei zu entfalten, ist die Angst vor der Armut. Oder die Angst, ihre gesicherte Existenz zu verlieren ... und das hier in Deutschland! Überleg mal: Was kann dir im schlimmsten Fall passieren? Bei den meisten Menschen wäre das wohl der Bezug von Hartz IV. Der „tiefste Fall" wäre es also, immer noch das Nötigste zum Überleben und ein Dach über dem Kopf zu haben und sich später wieder aufrappeln zu können. Zumindest den meisten Menschen sollte das gelingen können — von ganz schweren oder gar mehrfachen Schicksalsschlägen mal abgesehen.

Dann: negative Glaubenssätze ausschalten!

Ich möchte dir ein konkretes Beispiel geben: Eine Freundin von mir wuchs mit einem bestimmten Satz ihres Vaters auf: „Unsereins bleibt immer unten. Egal, was wir machen." Heute ist sie erfolgreich selbstständig und hat es geschafft, sich dem Willen des Vaters zu widersetzen und zu studieren, auch wenn das dem Mindset des Vaters komplett widersprach.

 Was hat dein Mindset mit Geldbewusstsein zu tun?

Der Vater wollte nicht, dass seine Tochter studiert, weil „unsereins das eh nicht schafft". Sie tat es dennoch und ist heute eine erfolgreiche, selbstständige Rechtsanwältin! Aber das Glaubenssystem ihres Vaters sitzt noch immer so tief, dass sie sich beispielsweise richtig schlecht fühlte, als sie sich einen Mercedes kaufte. Sofort hörte sie in ihrem Kopf die Stimme ihres Vaters: „Unsereins fährt keinen Mercedes." Und statt sich zu freuen und vor Stolz fast zu platzen, weil seine Tochter so erfolgreich war, versuchte der Vater, sie in seinem Glaubenssystem gefangen zu halten und sagte tatsächlich: „Unsereins fährt keinen Mercedes".

Die Solidarisierung von Glaubenssätzen in Familiensystemen ist ein ernsthafter Hinderungsgrund, um deine Wünsche zu verwirklichen. Denn sobald du es trotzdem tust, läufst du Gefahr aus dem sprichwörtlichen Nest geworfen zu werden. Du beginnst dich schuldig zu fühlen, wenn du es tust.

Nur, wer die negativen Glaubenssätze über Geld verliert, ist offen für alle Veränderungen, die ihn näher zu sich selbst bringen!

Wenn du immer noch alten Überzeugungen nachhängst, wie zum Beispiel: „Als Selbstständige ist es schwer, ordentlich Geld zu verdienen, weil es viel zu viel Konkurrenz gibt", wirst du genau diese Erfahrung machen. Überall um dich herum siehst du Konkurrenten, die dir Kunden wegnehmen und fühlst dich kleiner und schlechter als sie statt dir selbst zu vertrauen. Zieh stattdessen lieber deine Selbstständigkeit in keinem Fall so auf, wie andere es tun, sondern mach es so, wie es dir entspricht, denn dann präsentierst du dich auf eine einzigartige Weise — und die Konkurrenz ist plötzlich gar keine Konkurrenz mehr. Denn du bist anders und einzigartig.

Unser Resonanzsystem ist so eingestellt, dass du nur das im Außen bekommst, was genau deiner inneren Einstellung entspricht. Erst, wenn du weißt, dass du gut genug bist, um deine Wünsche zu verwirklichen, um in finanzieller Freiheit zu leben, wird es auch so sein. Du bestimmst deinen Grad an Wohlstand zu 100 Prozent selbst und legst ganz allein fest, mit welchem monatlichen Geldbetrag du dich gut fühlst — und der ist bei den meisten viel zu niedrig. Du sollst von deinem Wohlfühlbetrag nicht nur überleben, sondern dir dein Wunschleben aufbauen können. Sei also mutig und großzügig mit dir selbst, wenn es darum geht, dein eigenes Mindset zum Wohlstand zu definieren — du darfst es. Und du kannst es!

In unseren Köpfen ist eingebrannt, dass es etwas Schlechtes ist, viel zu fordern und mehr Geld zu verlangen. Oder, dass finanzielle Freiheit mit einem bestimmten Wert verbunden sein muss — nach dem Motto: „Wenn ich Summe xy bekommen habe, dann muss ich den Preis yz dafür zahlen." Aber es geht nicht darum, eine fixe Summe auf dem Konto zu haben, um Rechnungen oder die Miete bezahlen zu können, sondern um das (Selbst)Vertrauen, dass du jederzeit in der Lage sein wirst, es zu erwirtschaften. Wenn du aber stattdessen permanent im Modus: „Ich muss meine Rechnungen begleichen" läufst, strahlst du energetisch aus, nie genügend Geld zur Verfügung zu haben — und das ziehst du dann auch an.

Wer aber verstanden hat, dass wir Geld in jedem Moment, in dem wir es brauchen, haben können, der hat die Freiheit, seinen Weg zu gehen. Es ist nicht die Summe xy auf deinem Konto, die dich freimacht, sondern das Wissen, dass du sie haben kannst, wann immer du sie brauchst.

Was bedeutet es, in finanzieller Freiheit zu leben?

Finanzielle Freiheit bedeutet, dass du dir sicher bist, jederzeit mehr finanzielle Mittel zur Verfügung haben zu können, als du ausgeben kannst, also immer mehr als genug Geld empfängst, um alles zahlen zu können.

Vielleicht hast du selbst schon mal bemerkt, dass Summe xy plötzlich wie durch ein Wunder verfügbar war, als du sie dringend gebraucht hast. Sei bereit und offen, finanzielle Fülle von überall zu empfangen und lege dich nicht fest, wie das Geld zu dir kommen soll. Hab einfach vollkommenes Vertrauen darin, die Quelle von allem zu sein, was sich im Außen zeigt.

Diese Fülle muss übrigens nicht nur über dein normales Einkommen entstehen — es kann auch mal eine Gutschrift sein, es können Rücküberweisungen, Geldgeschenke von wem auch immer, Einladungen zu einem Wochenendtrip oder zum Abendessen, Rabatte auf ein gerade benötigtes Produkt sein.

Mach dir keine Gedanken darüber, wie etwas zu dir kommt, denn damit schließt du dir nur andere Möglichkeiten aus. Vertraue satt dessen dem Universum, das dir immer dann dienlich ist, wenn du es darum bittest. Vertraue darauf, dass du in einer Welt von unendlicher Fülle lebst und dass es dein Geburtsrecht ist, daran zu partizipieren. Du bist hier, um in Fülle und Freude zu leben. Erlaube dir, diese Fülle auch zu empfangen.

Geld ist in erster Linie neutrale Energie — weder gut noch schlecht!

Geld und Energie sind völlig neutral

Erfolg ist wie jede im Universum existierende Energie weder gut noch schlecht. Erst durch deine Bewertung erhält etwas eine bestimmte Energie: Die Frage ist also nur, was du daraus machst. Energie verändert sich ständig. Dadurch können wir sie zu jedem Zeitpunkt zu dem machen, was wir uns wünschen.

Stell dir deine Welt als energetische Matrix vor, die sich deiner Energie ständig anpasst. Wäre es nicht großartig, wenn du diese Energie ständig bewusst zu dem formen könntest, was du dir wünschst? Jede Energie erhält erst durch deine Ansicht ihre spezifische Form, ihr Aussehen (denk noch mal an den Hund im Anfang dieses Buches ...). So formt die Qualität deiner Gedanken deine Welt. Du allein bist es, der alles um sich herum entstehen lässt.

Ich kann deine Zweifel hören! „So einfach geht das nicht", sagst du. Oder: „Wie soll das überhaupt funktionieren?" „Ich als Quelle?" „Aus mir heraus entsteht die Welt? Ich bin doch viel zu klein, um irgendetwas da draußen entstehen zu lassen." Das ist genau das, was dir die Leute erzählt haben: dass du keinerlei Einfluss auf dein Leben hast. Aber in Wirklichkeit tust du das doch bereits jeden Tag, nur leider völlig unbewusst. Du kannst Dinge geschehen lassen, wenn du sie dir wünschst. Sie werden durch dich Wirklichkeit. Wie das geht? Ich nenne es Magie, andere erklären es vielleicht über die Quantenphysik — es ist die Magie hinter der Energie.

Das richtige Bewusstsein für Geld entwickeln

Innerlich hat jeder von uns eine bestimmte Geldsumme, mit der er sich wohlfühlt. Sobald sie überschritten ist, fühlt man sich unwohl. Ich habe mal mit einem Klienten gearbeitet, der plötzlich und unerwartet ein großes Vermögen erbte. Zuvor arbeitete er als Handwerker und kam gut mit dem Geld, das er verdiente, zurecht. Doch nachdem das geerbte Geld innerhalb eines Jahres weg war, sagte er mir, dass das Geld wie ein Fluch für ihn gewesen sei. Er war in keinem Moment in Dankbarkeit und Freude mit diesem Geld verbunden. Er erlebte dadurch nur Betrug, Hetze und Zerrissenheit.

Alles hängt an dem Bewusstsein, das du zum Geld hast. Es bleibt nicht bei dir, wenn du nicht in der richtigen Energie schwingst. Und umgekehrt bist du mit den falschen Gedanken auch nie dort, wo das Geld ist. Wenn du in einer Familie groß geworden bist, in der es finanziell immer knapp war, wirst du diese Frequenz erst einmal mit allen dazu gehörigen Setpoints, Einstellungen und Glaubenssätzen übernommen haben. Und wirst logischerweise dann auch immer dieselben Erfahrungen wie in deiner Ursprungsfamilie machen. Dass Geld eben immer knapp ist. Aber nicht aus Willkür, Unglück oder gar wegen eines Fluchs, sondern einfach darum, weil deine Frequenz diesem Denken entspricht.

Was dir noch fehlt, um in deine finanzielle Freiheit zu kommen? Das Wissen darum, dass Geld dein Diener ist!

Und noch einmal: Es gibt keine glücklichen Zufälle, sondern uns widerfahren immer nur die Dinge, nach denen wir gefragt haben und die unserem Mindset entsprechen. Geld ist bloß eine Energie, die jenen Menschen folgt, die es lieben und mehr davon haben möchten, um damit etwas in der Welt zu kreieren. Geld an sich ist nichts Unmoralisches – du kannst mit ihm einen wirklich hilfreichen Beitrag in der Welt leisten oder dir eben einreden, dass es schlecht ist. Deine Ansichten über Geld kreieren deine Realität darüber, wie viel Geld du dir erlaubst zu besitzen. So einfach ist das.

Mein Mindset bestimmt meine Beziehung zum Geld

Geld kann und sollte aber auch deinem inneren Wohlbefinden und äußeren Wohlstand dienen. Durch unsere Urteile, Ansichten und Meinungen bezüglich seiner Energie haben wir dem Geld über die Jahrhunderte meist eher Böses als Gutes angedichtet. Vielleicht ist jetzt genau die Zeit, um damit zu brechen? Zum Beispiel: Um 5.000 Euro im Monat zu bitten, wird erst durch dein Glaubenssystem zu etwas Unmoralischem, Unerreichbarem, Schwerem. Oder zu etwas total Normalem, zu etwas, das stimmig für deine erbrachte Leistung ist. Wenn du es als etwas Unanständiges oder nicht Erreichbares in deinem Autopiloten abgespeichert hast, kannst du nicht in der Energiefrequenz von 5.000 Euro schwingen. Du musst dann erst einen neuen Setpoint in dir anlegen, der es dir erlaubt, so viel verdienen zu dürfen. Genau das wirst du unter anderem in dem 28-Tage-Programm lernen.

Leichter ist es, wenn du darüber nachdenkst, wie das Mindset eines erfolgreichen Menschen dazu eingestellt wäre: „Ich bin gut genug. Ich kann das. Das ist genau das, was ich will. Ich verdiene es, so viel Geld zu bekommen. Was kann ich jetzt tun, um genau dorthin zu kommen?"

Und nicht: „Ach herrjeh, so viel Geld! Wer soll mir das denn bezahlen? Meine Qualifikation ist schlecht, die anderen sind viel besser als ich." Oder: „Ach, ich weiß nicht. Dann muss ich mehr leisten, als ich geben kann. Oder es hat auf irgendeine andere Art seinen Preis. Und der könnte hoch sein!"

Wie willst du zukünftig mit dir selbst sprechen, wenn es um deine Ziele geht? Denk immer daran: Jeder Gedanke ist ein Same, der irgendwann in deiner Zukunft aufgeht.

 Wie viel Geld brauchst du wirklich, um glücklich zu sein?

Glück und Geld

Es sind nicht die Millionen auf dem Konto, die uns letztendlich erfüllen, sondern viel weniger. Forscher sagen, um zufrieden und glücklich zu sein, benötigt ein Mensch maximal die Summe von 5.000 Euro im Monat. Danach steigt das Glück proportional nicht mehr weiter an: Je mehr ein Mensch darüber hinaus anhäuft, desto stressiger kann es werden, das Vermögen zu verwalten, sicher anzulegen, zu bewahren, richtig zu investieren ... Je nachdem, wie sich das Mindset proportional zum Kontostand entwickelt hat, kann zu viel Besitz auch belasten und dient dann nicht unbedingt mehr dem Menschen. Es ist also nicht die Million auf dem Konto, die du brauchst, um wahrhaft Zufriedenheit zu erlangen, sondern es sind die Aufgaben und Inhalte, die deinem Leben einen Sinn geben.

Glück wächst nicht proportional zum Kontostand!

Geld sollte dir dienen, um mehr als genug Wohlstand zu besitzen, um deinen innersten Wünschen zu folgen und sie zu realisieren. Es ist nicht die Summe xy auf deinem Konto, die dir finanzielle Freiheit schenkt, sondern das Vertrauen in dich und dein Wissen, dass du so machtvoll bist, um jederzeit so viel Geld manifestieren zu können, wie du brauchst.

Geld und die karmischen Gesetze

Du kannst mit unmoralischen Dingen zwar kurzfristig viel Geld verdienen, aber es wird langfristig nicht bei dir bleiben. Wer betrügt, wird Betrug ernten und mit den Konsequenzen leben müssen. Es ist also viel stressfreier, ein Leben nach den universellen Gesetzmäßigkeiten zu führen. Dennoch leben wir im Moment in einer Zeit, in der sich die Energien im Guten wie im Schlechten immer schneller manifestieren. Lügen kommen viel schneller ans Licht als noch vor 20 Jahren.

Die Zeiten, in denen man langfristig etwas unter den Teppich kehren oder verbergen konnte, sind vorbei. Wenn man sich die Nachrichten anschaut, sieht man, wie immer mehr bisher Verstecktes ans Tageslicht kommt. Gutes zieht mehr Gutes an und Schlechtes zieht mehr vom Schlechten an. Wenn du also Gutes säst, wird auch etwas Gutes dabei rauskommen. Ich bin überzeugt davon, dass, wenn du deinem für dich vorgesehenen Plan folgst, du auch immer mit allem versorgt sein und in Fülle leben wirst.

Es gibt Menschen, die erst in Armut lernen müssen, um wachsen zu können und ihrem Inneren zu folgen. Andere lernen und wachsen auch in Wohlstand an ihren Aufgaben.

Die einen brauchen einen Wake-Up-Call in Form von Hindernissen und Rückschlägen, um ihrem Herzensplan wieder zu folgen, die anderen haben gelernt, schon sehr viel früher ihrem Inneren zu folgen und ersparen sich dadurch den ein oder anderen Rückschlag.

Allerdings: Keine Variante ist spiritueller als die andere — die Art dient lediglich dazu, dich an deine Aufgaben heranzuführen, mit denen du weiter unbeirrt deinem Weg des Herzens folgst.

Rückschläge können hilfreich sein

Stell es dir doch einfach mal so vor: Alles, was dir widerfährt, geschieht nur, um dein inneres Wachstum voranzutreiben. Um dich weiterzuentwickeln. Was wäre, wenn alles genau richtig wäre, so wie es gerade ist? Was, wenn Rückschläge zu einem späteren Zeitpunkt einen echten Sinn ergeben würden? Was, wenn all die Hindernisse Lektionen wären, aus denen du lernen kannst, dein Leben auf ein neues Niveau anzuheben? Betrachte deine Hindernisse und Krisen einfach einmal aus dieser Perspektive. Nichts geschieht im Leben, um dir zu schaden, sondern nur, um dich für Neues zu öffnen. Also: Wie würdest du mit Niederlagen umgehen, wenn du dieses Wissen hättest?

 **Was ist, wenn ich „in die Miesen rutsche"? Wie bekomme ich wieder ein Bewusstsein von Sicherheit, um erneut in die Fülle zu kommen?**

Wenn du Schulden hast, bist du wahrscheinlich gerade in dem Mangel-Denken gefangen, dass es nie genug Geld für dich gibt. Es ist schwer, sich genau in diesen Momenten, in denen totaler Mangel im Außen herrscht, wieder in eine Energie der Fülle zu versetzen — das weiß ich. Doch genau das solltest du in Momenten, in denen bei dir Ebbe herrscht, tun. Richte dein Bewusstsein wieder auf Fülle aus. Fokussiere dich auf das, was du dir wünschst und bitte das Universum um seine Mithilfe. Frage dich, was du jetzt dafür tun kannst.

Aus meiner Sicht sollten Schulden ein No-Go sein — außer es sind Schulden, denen ein realer Wert entgegensteht, wie zum Beispiel eine Immobilie oder ähnlich bleibende Werte. Schulden lassen dich schlecht fühlen und senken dein Energieniveau. Schulden sind wahre Energieräuber. Versuche, nur das Geld auszugeben, das du auch wirklich erwirtschaften kannst. Erst, wenn du gelernt hast, dein Geldbewusstsein deinen Wünschen aktiv anzupassen, kannst du es wagen, darüber hinaus zu kreieren.

Energie und Geld: ein gutes Team!

Ich habe zum Beispiel immer so viel Bargeld zur Verfügung, dass ich drei Monate davon leben könnte, ohne zu arbeiten. Das gibt mir ein Gefühl von finanzieller Freiheit und das Wissen, Geld zu besitzen. Ich weiß, dass ich — egal, was passiert — immer innerhalb von drei Monaten eine neue Möglichkeit finden kann, um mir wieder ein wirtschaftlich funktionierendes Leben aufzubauen.

Das ist darüber hinaus sogar ein ausgesprochen guter Trick, um sein Geldbewusstsein zu stärken. Es wird dir ein Gefühl von: „Ich bin finanziell versorgt" geben. Und das erlaubt dir wiederum, in einer Energie zu schwingen, die noch mehr Geld magnetisch anzieht. Du weißt ja: „Reiche werden immer reicher und Arme immer ärmer." Warum? Weil sie in der jeweiligen Energie schwingen und Geld nur der Energie folgt, die Geld auch liebt.

Geld ist keine fixe, stabile Größe auf deinem Konto, denn sie verändert sich ständig mit deinem Bewusstsein. Es ist ein ständiges Kommen und Gehen von Geld: Du kaufst schöne Dinge, dann wirst du wieder laufende Rechnungen bezahlen und wieder neues Geld generieren und verdienen.

Wir leben viel zu oft in der Illusion, dass irgendwann kein Geld mehr fließen wird. Aber das wird nicht passieren. Es ist immer da und für jeden verfügbar, der sich nur dafür entscheidet.

12 Stolpersteine auf deinem Weg zum Ziel

 Stolperstein 1: Du hast zu schnell aufgegeben: „Ich schaffe das nicht!"

Kennst du das auch, dass du manchmal auf deinem Weg zum Ziel die Flinte zu schnell ins Korn wirfst? Erst bist du Feuer und Flamme für eine Idee. Du bist ganz begeistert, stellst dir schon ganz plastisch vor, wie es wäre, diese Idee tatsächlich zu deiner Realität zu machen. Und dann beginnst du darüber nachzudenken ...

Niemals zu schnell aufgeben!

Beim Nachdenken bekommst du dann auf einmal ein Gefühl von: „Ich schaffe das nicht — und da gibt es einfach viel zu viele Dinge, die auf diesem Weg schiefgehen könnten." In deinem Kopf konstruierst du schon tausend mögliche Szenarien. Alles deutet darauf hin, dass es sowieso nicht klappen wird. Und vor lauter „aber!" gibst du auf, bevor du überhaupt richtig angefangen hast.

Gerade am Anfang deiner Zielerreichung ist es aber erst einmal essenziell wichtig nur auf die Sehnsüchte deines Herzens zu lauschen — ganz ohne Zensur. Es gilt, erst einmal überhaupt zu erkennen, was sich für dich besser anfühlen würde, wenn du umsetzt, wovon du träumst. Dazu brauchst du Vertrauen in dich und deine innere Wahrnehmung. Und dann Mut und Kraft, um deine Idee zu verwirklichen.

Ganz klar: Du brauchst Mut und Kraft! Immer.

Wenn du dich entschieden hast, deinen Wunsch wirklich vom Universum einzufordern — dann bleib jeden Tag am Ball. Deine Gedanken, Gefühle und Taten erschaffen eine neue Realität. Es muss sich in dir anfühlen, als wärst du ganz hungrig auf das, was du dir wünschst. Und kein „mal schauen" oder „wenn nicht, ist es auch okay" ... Nein! Du musst es wirklich wollen. Und ganz deutlich fühlen, dass es für dich möglich ist.

Dein Wille, es auch wirklich umzusetzen,
ist der Anfang zu allem!

Da darf kein Gedanke mehr in dir sein, der kontraproduktiv ist und du musst beseelt, ja, regelrecht besessen davon sein, dein Ziel zu erreichen. Deine Gedanken sollten ständig um deinen Wunsch kreisen und ein wunderbares Gefühl von „Haben-Wollen" in dir auslösen, sodass du es gar nicht mehr abwarten kannst, bis du deinen Traum verwirklicht hast.

In diesem Zustand sendest du eine ganz bestimmte Energie aus und ziehst damit die entsprechende Energie im Außen an. Du musst es wirklich mit Haut und Haaren wollen, ganz fest an dich glauben und daran, dass du es tatsächlich schaffen kannst.

Stolperstein 2: Du hältst deinen Fokus nicht auf dem, was du willst: „Anderes ist jetzt wichtiger als mein Wunsch."

Wenn du zu viel auf einmal ändern willst, zerstreust du deine Energie und Kraft. Gerade wir Frauen sind es gewohnt, viele Dinge gleichzeitig zu tun und dazu noch die Bedürfnisse unseres Umfelds zu befriedigen. Die Gefahr, dass du dich dabei verzettelst, ist wirklich groß.

Immer den Fokus im Auge behalten!

Wir alle haben jeden Tag 100 Prozent Energie zur Verfügung — es sei denn, wir sind krank. Und ein Teil unserer Energie geht bereits für die tägliche Routine drauf: Arbeit, Organisation von diesem und jenem, Dinge im Haushalt erledigen, einkaufen, sich um Freunde, Partner, Kinder, Tiere, Hobby und noch viel mehr zu kümmern. Selbst, wenn du dich erst einmal nur auf das Wesentliche in deinem Alltag konzentrierst, bleibt am Ende nicht mehr viel Zeit und Energie für dich übrig, oder? Was denkst du, wie viel dir noch bleibt? Zehn Prozent oder wahrscheinlich sogar noch weniger?

Wenn du diesen kleinen Rest dann noch auf verschiedene andere Ziele richtest, bekommst du nicht mehr die nötige Schubkraft für deinen Wunsch zusammen. Deshalb solltest du diesen übrigen Rest an Energie ganz gezielt auf dein Ziel hin lenken. Fokussiere dich! Konzentriere dich wirklich mit aller dir noch zur Verfügung stehenden freien Zeit nur auf diese eine, einzige Sache — dein Ziel. Und dann gilt es, über einen längeren Zeitraum am Ball zu bleiben.

Wichtig ist, dein Ziel immer klar vor Augen zu haben!

Halte den Fokus darauf gerichtet, was du täglich tun kannst, um dieses Ziel zu erreichen. Alles, was nicht zur Erreichung deines Ziels beiträgt, solltest du aus deinem Leben streichen, um dich besser fokussieren und dranbleiben zu können. Spüre in dir, warum es für dich Sinn macht, dieses Ziel zu verwirklichen. Halte dir all die Vorteile vor Augen, die du dadurch haben wirst — und welchen Preis du langfristig zahlen müsstest, würdest du es nicht tun. Vertraue auf deine Intuition, setze alle Impulse um, die du in Bezug auf dein Ziel bekommst.

Erinnere dich zum Beispiel noch einmal an die Autorin der Harry-Potter-Reihe. Trotz vieler Absagen und schlechter Prognosen für Kinderbücher machte sie mehrere Jahre weiter und gab nicht auf. Sie hat weiter ihren Fokus darauf gerichtet, Kinderbücher zu veröffentlichen. Sie hat sich durch nichts und niemanden davon abbringen lassen, hat sich nicht umorientiert und plötzlich Liebesromane geschrieben, weil die sich vielleicht besser verkauft hätten. Nein! Sie ist bei dem geblieben, wovon sie überzeugt war — und dann lasen auch noch Millionen Erwachsener die Bücher gern, die Geschichten wurden verfilmt ... ja: Steter Tropfen höhlt den Stein.

Für mich hat es sich bewährt, mir mein Ziel symbolisch in meiner Wohnung an einem Ort zu platzieren, an dem ich oft vorbeikomme. Das kann ein Bild oder irgendetwas sein, was sinnbildlich für mein Ziel steht. So werde ich jeden Tag daran erinnert, wohin ich mich entwickeln möchte.

Wenn du dein Ziel verwirklichen möchtest, musst du an dieses Ziel denken — so oft wie möglich. Es fühlen, kommunizieren und dementsprechend handeln. Mehr dazu gleich in den einzelnen Übungen des 28-Tage-Programms.

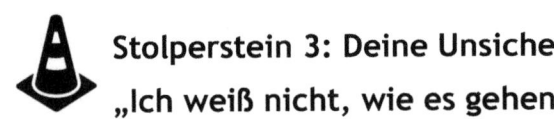

Stolperstein 3: Deine Unsicherheit: „Ich weiß nicht, wie es gehen soll."

Diese Sätze hast du vielleicht auch schon mal gesagt oder gedacht: „Um das zu erreichen, brauche ich noch dies oder jenes." Oder: „Dazu fehlt mir noch eine entsprechende Ausbildung!" Oder: „Schuster, bleib bei deinen Leisten" ... Vielleicht fehlen dir auch einfach ganz reale Vorbilder in deinem Umfeld, die einen ähnlichen Weg wie den zu deinem Ziel schon gegangen sind. Das alles sind Limitierungen oder Lücken, die uns unsicher machen — und nicht selten auch unsicher bleiben lassen.

Unsicherheit lähmt

Limitierungen können sich wie unbewusste Verbotsschilder in unseren Köpfen manifestieren und die wahren Veränderung im Außen verhindern.

Du kannst alles lernen, wenn du es wirklich willst.

Wenn du dir ein großes Ziel gesteckt hast, ist es oft durchaus notwendig, dir noch weiteres Wissen anzueignen. Überlege dir gut, welche Fähigkeiten, welches Wissen du noch brauchst, um dein Ziel zu erreichen. Das kann beispielsweise sein, dass du dich mit Menschen triffst, die das Ziel schon erreicht haben, von dem du noch träumst. Von ihnen kannst du viel lernen. Es kann aber auch sein, dass du dich fachlich oder persönlich noch weiterbilden musst.

Dabei ist es gar nicht wichtig, von vornherein zu wissen, wie du dein Ziel erreichen kannst. Es genügt, einfach Schritt für

Schritt zu gehen, jeden Tag etwas dafür zu tun. Denn soll ich dir ein Geheimnis verraten? Du wirst im Vorfeld nie ganz genau wissen, wie sich dein Ziel verwirklichen lässt. Das zeigt sich erst im Gehen, wenn du deinen Impulsen folgst. Das „Wie" ergibt sich mit jedem Schritt neu.

Das *was* und *warum* deines Ziels zu erkennen ist erst einmal viel wichtiger, als das *wann* und *wie* das eigentlich alles gehen soll! Deinen Wunsch in die Realität umzusetzen, beginnt mit dem ersten Schritt — ohne vorher schon den zweiten Schritt zu kennen. Du hast das große Ziel zwar vor Augen, kennst aber den Weg dorthin noch nicht. Du entwickelst dich jeden Tag ein wenig mehr zu deinem Ziel. Was dich dabei unterstützt? Das Vertrauen in dich und das Universum.

Noch ein Tipp: Versuche, dir ein Umfeld von Mentoren aufzubauen, die dich stärken können und wachsen lassen. Die dich dazu ermutigen, immer am Ball zu bleiben. Die dich in schwachen Momenten ermutigen und zu dir stehen. Menschen, die DIR Energie geben. Vielleicht auch Menschen, die den Weg, den du gehen möchtest, selbst schon gegangen sind. Und trenne dich von Menschen, in deren Gegenwart du dich schlecht fühlst, die dich runterziehen, ständig jammern oder sich beschweren.

 **Stolperstein 4: Deine Ängste:**

„Es könnte schlechter werden als zuvor."

Ich möchte hier auf zwei Arten von Ängsten eingehen, damit du sie erkennst und sie dich nicht weiter daran hindern können, deine Ziele zu erreichen.

Manche Arten von Angst sind durchaus nützlich, denn sie beschützen dich in lebensbedrohlichen Situationen. Etwa die

Angst, die in dir aufsteigt, wenn du auf einem Hochhaus kurz vor dem Abgrund stehst. Hier bewahrt dich die Angst davor, leichtsinnig dein Leben aufs Spiel zu setzen. Diese Art von Angst macht durchaus Sinn und sichert seit Urzeiten unser Überleben.

Die Angst vor Veränderungen

Wir bekommen nicht selten aber auch Angst, wenn wir vor großen Veränderungen in unserem Leben stehen. Und genau darin besteht der Unterschied. Hier liegt nämlich keine Lebensbedrohung vor, die Angst aber fühlt sich genauso an. Diese Angst hält dich davon ab, wichtige Dinge in deinem Leben zu verändern. Beide Ängste fühlen sich für uns so gleich an, dass wir sie kaum unterscheiden können. Wir sind so geprägt, dass wir dem, was uns Angst macht, aus dem Weg gehen und zusehen, dass wir möglichst schnell wieder auf sicheres Terrain kommen. Steigt ein mulmiges Gefühl in uns auf, vermeiden wir die auslösenden Situationen, wo es nur geht. Ein fataler Fehler, denn absolut jede Veränderung in unserem Leben macht uns erst einmal Angst, weil wir nicht wissen, ob sie für uns sicher ist — oder nicht. Was also wirklich zwischen dir und deinem Wunsch steht, ist die Angst vor Veränderungen.

Es gibt keine Veränderung ohne vorher Angst zu spüren!

Außerdem gibt es nie eine „Erfolgsgarantie", wenn wir eine bedeutende Entscheidung für unser Leben treffen. Was machen wir also? Sobald die Angst kommt, geben wir auf — das Programm, das in Urzeiten für unser Überleben sorgte, zwingt uns jetzt dazu, abzubrechen. Das macht Veränderungen so schwer. Aber nur, weil dein Körper auf alles Neue mit

Angst reagiert, heißt das noch lange nicht, dass du es lassen solltest. Sieh es eher als Signal, dass du nun neues Terrain betrittst und im Begriff bist, deine Komfortzone zu verlassen und in dein neues Leben hinein zu wachsen.

Wenn du gelernt hast, solchen Ängsten nicht nachzugeben, bist du frei, alles zu tun und zu erreichen, was du willst.

Die Neurowissenschaft hat in den letzten Jahren intensiv daran geforscht und viel Neues darüber herausgefunden, warum es uns so schwerfällt, Ängste zu überwinden. Alle Glaubenssätze, Erfahrungen und übernommenen Einstellungen sind als Setpoints im psychokybernetischen Mechanismus (PKM) abgespeichert. Dort wird zum Beispiel festgelegt, wo dein finanzieller Setpoint liegt oder auch, welche Einstellung du in Bezug auf deine Gesundheit, Beziehungen, Spiritualität, Moral und so weiter hast. Es ist sozusagen deine Festplatte, auf der gespeichert ist, was deine unbewussten Werte sind, was für dich in Ordnung ist und wo deine Grenzen liegen.

Jeder empfindet eine identische Situation unterschiedlich, je nachdem, wie der persönliche Filter des PKM eingestellt ist. Wenn du in deinem PKM beispielsweise hinterlegt hast, dass es für dich nicht möglich ist, mehr als 2.000 Euro im Monat zu verdienen, dann wird dir dein System mit einem unguten, mulmigen Angstgefühl anzeigen, dass es nicht deinen hinterlegten Setpoints entspricht, zum Beispiel 5.000 Euro zu verdienen. Die meisten Menschen steigen dann genau an dieser Stelle aus — und lassen das Angebot sausen, da es in ihnen ein ungutes Gefühl auslöst.

Aber genau hier gilt es, weiterzumachen! Wir können jederzeit all unsere Setpoints überschreiben, sozusagen neu programmieren.

Dazu bedarf es noch eines weiteren Mitspielers: unser retikuläres Aktivierungssystem (RAS). Das RAS ist wie ein Filter, der nur das durchlässt, was mit unserer Festplatte (dem PKM) übereinstimmt. Das retikulare Aktivierungssystems (RAS) ist unser Filter. Das heißt, selbst, wenn gerade Jobangebote für über 5.000 Euro verfügbar wären, würden wir sie gar nicht sehen, weil diese Information von unserem RAS gar nicht durchgelassen würde. Ganz einfach: Der Radar ist nicht darauf eingestellt.

Du kennst das bestimmt auch: Du willst beispielsweise ein neues Auto kaufen und hast dich bereits für eine bestimmte Marke und Farbe entschieden. Ab dem Moment siehst du überall nur noch Autos der entsprechenden Marke und Farbe herumfahren. Vorher ist dir die Marke vermutlich eher selten aufgefallen. Dein Filter hat sie nicht durchgelassen, da du die Marke gar nicht im Fokus oder „auf dem Radar" hattest. Und gleichzeitig wirst du „blind" für die anderen Automarken um dich herum. Du arbeitest in dem Moment wie die Google-Suchmaschine: Nur, was du an Information eingibst, wirst du in deinen Suchergebnissen finden.

Wenn du dich und dein Leben weiterwachsen lassen möchtest, gehört es dazu, dich über alle Ängste hinwegzusetzen statt dich von ihnen stoppen zu lassen.

Bewahre Ruhe in dir!

Wenn du deinen Ängsten auf den Grund gehst, wirst du feststellen, dass die meisten Befürchtungen unrealistisch sind.

Bleibe also besser in deiner inneren Mitte und lass dich durch nichts aus der Ruhe bringen — schon gar nicht von dem Geplapper im Kopf. Halte deinen Fokus auf deine Herzensenergie und lass alle Ängste los. Entscheide dich für die Liebe. Deine Seele spricht mit dir und zeigt dir anhand von Gefühlen, dass es dir mit der gegenwärtigen Situation nicht gut geht und es an der Zeit ist, etwas zu ändern. Zum anderen sendet sie dir Sehnsüchte in Form von Ideen und Tagträumen für den neuen Weg, der für dich bereitsteht.

Frag dich mal: „Was gewinne ich in meinem Leben dazu, wenn ich meinen Wunsch verwirkliche?"

Denn, wenn du deinen Fokus von dem, was alles schiefgehen könnte, ablenkst und dich stattdessen auf das konzentrierst, was du gewinnen kannst, wird es dir viel leichter fallen, dich auf dein Ziel zu fokussieren.

 **Stolperstein 5: Deine Selbstzweifel:**

„Ich bin nicht gut genug!"

Du kennst bestimmt auch die Stimmen in deinem Inneren, die dir sagen: „Das geht nicht!" „Das kannst du nicht!" oder: „Die anderen sind besser als ich" „Das wird sowieso nichts" oder: „Du bist zu groß, zu klein, zu dick, zu dünn, zu alt, zu jung, zu laut, zu leise, zu was auch immer, um erfolgreich zu sein."

Selbstzweifel

Du allein entscheidest, ob du einem dieser Gedanken über dich Glauben schenken möchtest. Außerdem weißt du jetzt auch, dass all diese Sätze als Setpoints in deinem PKM hinterlegt sind. Und dich immer daran hindern werden, über diese Vorgaben hinaus zu wachsen — wenn du nichts an diesen Sätzen änderst. Sei dir also bitte immer darüber im Klaren, dass jeder deiner Gedanken, den du als Wahrheit akzeptierst, früher oder später auch zu deiner Realität wird. Du erinnerst dich? Dein Wille geschieht — du allein machst deine Realität! Alles, was du innerlich unbewusst vor dich hinplapperst, wird irgendwann Realität. Wenn du also denkst, dass du nicht gut genug bist, dann bist du es auch nicht.

Durch jeden Gedanken werden bestimmte Gefühle in dir ausgelöst, die dich wiederum auf eine bestimmte Art handeln lassen. Wenn du also selbst nicht an dich glaubst, wer sollte es dann tun? Es gibt in unserem System leider nichts, was unnütze und selbstschädigende Gedanken aussortiert — außer du tust es.

Dafür haben wir unseren freien Willen und unser Bewusstsein. Wir können — und müssen! — selbst bestimmen, was wir für uns festlegen. Du verfügst als einzige Person über die Macht, die alles in deinem Leben zu ändern vermag.

Eine Klientin von mir, eine junge Frau, erzählte mir, dass sie einfach keinen Erfolg haben könne. Hier ihre Geschichte: Jedes Mal, wenn sie als selbstständige Grafikerin eine neue Anfrage bekommt, zweifelt sie daran, ob sie den Anforderungen des Kunden gerecht werden kann. Obwohl sie sich von ganzem Herzen wünscht, kreativ und selbstständig zu arbeiten. Sie beginnt sofort, an sich zu zweifeln. Und so entzweit sie sich von dem, was sie sich wünscht. Das heißt, durch den Zweifel kommt sie von ihrem Herzensruf, als Grafikerin zu arbeiten, sofort ab. Und macht sich selbst so runter, dass die Kunden wieder abspringen. Denn Kunden spüren die Zweifel und vermuten bei solchen Dienstleistern schnell Inkompetenz.

Die Grafikerin beschreibt das so: Sobald sie überlegt, den Auftrag anzunehmen, fängt sie an, sich darauf zu konzentrieren, was alles schiefgehen könnte statt das Vertrauen in sich zu stärken und ihre ganze Kraft, ihr Wissen und ihre Kreativität zu aktivieren. Sie sagt, dass es so wäre, als ob ihre ganze Lebensenergie abgezogen würde. Und sie kann in diesem Moment nichts anderes tun, als aufzugeben.

Diese Kundin hatte sich schon in ihrer Ausbildung zur Grafikerin schlecht verkaufen können, weil sie einfach nicht daran glauben konnte, gut genug zu sein. Einige Kunden kamen später zwar aufgrund ihrer guten Webseite oder Empfehlungen trotzdem zu ihr, sind aber schnell wieder abgesprungen, weil sie als Grafikerin einfach nicht glaubhaft rüberbringen konnte, dass sie die Richtige war, dass sie ihr Bestes gab und genau das Passende für den jeweiligen Kunden hatte.

Was für Gedanken hätte sie gebraucht, um die Energiefrequenz zu erzeugen, mit der sie ihre Dienstleistung hätte verkaufen können? Wir wissen es oft ganz genau und tappen doch immer wieder in dieselbe Falle: Wenn du nicht an deinen eigenen Erfolg glaubst, kann sich der Erfolg auch nicht im Außen einstellen. Wir hoffen immer, dass es da draußen irgendwann mal „Päng!" macht und die Umsetzung unseres Wunsches plötzlich direkt vor der Tür steht. Es kann aber immer nur das geschehen, was du zulässt, was du glaubst, was für dich und dein Leben möglich ist.

Der Glaube an dich kann Berge versetzen!

Die Lösung all dieser Problemanzeigen besteht also aus Selbstliebe und dem uneingeschränkten Glauben an dich selbst.

Schätze dich zuerst für das wert, was du jetzt schon bist. Glaub mir, du bist bereits jetzt perfekt ausgestattet, um das zu verwirklichen, wonach sich dein Herz sehnt, sonst könntest du diese Sehnsucht in dir noch nicht mal wahrnehmen. Die Sehnsucht und das Verlangen zu spüren, bedeutet aber ganz klar, dass du jetzt bereit bist für den ersten Schritt. Gib dir selbst die Erlaubnis, der Welt deine Einzigartigkeit zu zeigen und liebe dich für das, was du bist. Erkenne deinen eigenen Wert an und sei dankbar — genauso entfesselst du die Energie, die dir den Raum gibt, um Neues zu wagen.

Viele Menschen sind abhängig von der Wertschätzung anderer. Aber du solltest dir immer wieder klarmachen, dass du deinen Selbstwert nicht im Außen findest, sondern einzig und allein in dir selbst. Du allein kannst ihn dir geben. Dein inneres Wohlergehen steht in direktem Zusammenhang mit deinem äußeren Wohlergehen.

 Stolperstein 6: Deine Gedanken:
„Ich kann das nicht!"

Deine Gedanken entsprechen einer Blaupause, die in deiner Vergangenheit angelegt wurde. Und die Auswirkung für das, was im Außen geschieht, sind deine Gedanken. Das Problem dabei ist nur, dass du die meisten deiner Gedanken gar nicht bewusst wahrnimmst und sie dennoch ihre Wirkung im Außen zeigen, denn — du erinnerst dich? — deine Gedanken sind Energie und alle Materie besteht aus Energie. Gleiches zieht Gleiches an.

Gedanken sind wichtig!

Jeder Gedanke ist ein Samenkorn, das in der Zukunft aufgeht. Was passiert also, wenn du glaubst, dass du dein Ziel nicht erreichen kannst? Dann wird es dir schwerfallen, dein Ziel genau zu formulieren und daraus ein makelloses Konzept zu entwickeln, das du auch wirklich umsetzen kannst.

Was, wenn du glaubst, dass es für dich unmöglich ist, mehr aus deinem Leben zu machen als das, was du gerade lebst? Richtig, du kennst die Antwort schon: Dann wirst du es auch nicht erkennen können. Selbst, wenn es ganz laut an deine Tür klopft. Dein RAS ist nicht darauf eingestellt, es zu sehen, weil es nicht auf deiner Festplatte programmiert ist. Wenn du denkst, du hättest etwas nicht verdient, dann ist es so. Du bist der Schöpfer deiner Welt.

Schaff dir Fokus und Disziplin, um dein Ziel umzusetzen!

Um große Träume in die Realität zu ziehen, braucht es Zeit, Fokus und viel Disziplin im Handeln. Große Ziele werden nie über Nacht verwirklicht, auch wenn das von außen manchmal so scheinen mag. Erfolgreiche Menschen sagen sich nicht, dass sie es nicht schaffen können, sondern fragen sich, was ihnen noch fehlt, um ihr Ziel zu erreichen. Und arbeiten kontinuierlich trotz Rückschlägen und Hindernissen daran, es sich anzueignen.

Stolperstein 7: Dein Jammern, Schimpfen und Klagen: „Ich schaffe es nicht, weil andere dieses oder jenes tun oder getan haben."

Das solltest du unbedingt vermeiden! Schimpfe weder über dich noch über andere und jammere bitte auch nie über deine derzeitige Situation.

Der Jammer- oder Klagemodus

Menschen, die sich selbst ständig Geschichten darüber erzählen, warum man dieses oder jenes nicht tun könne, verfallen in einen Jammer- oder Klage-Modus. „Ich kann es nicht, weil ..." Und nach diesem „weil" folgt die Geschichte oder vielmehr die Ausrede, warum man es nicht tun kann. Zum Beispiel: „Ich kann mir keine neue Arbeit suchen, weil mein Unternehmen mich nicht zu Vorstellungsgesprächen freistellt", oder: „Ich kann nicht kündigen, weil meine Kündigungsfrist für den nächsten Arbeitgeber zu lang ist." Auch beliebt: „Mein Chef ist schuld, dass ich immer so lang arbeiten muss."

Sobald du dich über jemanden oder etwas beklagst, katapultierst du dich selbst in eine Opferhaltung. In dieser Haltung findest du dich mit dem ab, was gerade ist — ohne Aussicht auf Verbesserung. Aber du musst dich nicht mit etwas abfinden, was du nicht mehr magst!

Wenn du dich mit dem, was du tust, nicht mehr wohlfühlst, dann ändere es! Es gibt so viele Menschen, die sich permanent über ihren Partner, ihren Job, den Chef, die Kollegen, Politiker oder sonst wen beklagen, weil sie nicht gelernt haben, dass sie auf jeden Bereich ihres Lebens Einfluss nehmen können.

Was meinst du, was in deinem Leben — langfristig gesehen — passieren wird, wenn du dich ständig beklagst? Negative Gedanken ziehen natürlich immer die dazu passende Energie an. Ich glaube, wenn jeder wüsste, welche Auswirkungen dieses ständige „Jammern" hat, würde es niemand mehr tun. Stell dir vor, dass jedes Klagen ein Samenkorn ist, das in deiner Zukunft aufgeht.

Übernimm die Verantwortung für dein Handeln!

Außer, dass du dich in dieser Opferhaltung selbst entmachtest, wirst du auf Dauer nur wenige Leute um dich haben, die sich gern in deiner Nähe aufhalten — und die werden ziemlich sicher selbst auch chronische Jammerer sein. Übernimm Verantwortung für das, was du sagst und denkst. Wenn dir etwas nicht gefällt, dann ändere es. Frag dich, was dir stattdessen mehr Freude bereiten würde. Wenn du deine Arbeitsstelle wechseln möchtest und dich über schlechte Kündigungsfristen beklagst, dann frage dich doch einfach, was im Moment optimal wäre, um dennoch zu wechseln? Wenn es dein Traum ist, dich selbstständig zu machen, dann frag dich: "Was könnte ich jetzt schon tun, um das Geld zu verdienen, mit dem ich meine Selbstständigkeit starten kann?"

Vorsicht ist auch im Außen geboten. Wenn andere in deinem Umfeld jammern, lass dich nicht darauf ein und wechsele das Thema. Wenn das nicht hilft, ein gut gemeinter Rat: Such das Weite und halte dich von diesen Leuten fern! Umgib dich stattdessen mit Menschen, die dich stärken und dich darin fördern, deine Träume zu verwirklichen. Suche dir ein

Umfeld von Menschen, die das ständige Klagen hinter sich gelassen haben und um die Macht des selbstverantwortlichen, bewussten Handelns wissen. Du erkennst sie daran, dass sie aus ihrem Inneren heraus zufrieden strahlen und du dich in ihrer Gegenwart angenommen und frei fühlst, das zu sein, was du bist.

 **Stolperstein 8: Der Vergleich mit anderen:**

„Alle anderen sind besser als ich"

Wenn du dich mit anderen vergleichst, wirst du dich nie gut genug fühlen, sondern dich ständig falsch und ungenügend finden.

Sich mit anderen Menschen vergleichen

Jeder Mensch ist anders, denn jeder von uns ist ein Unikat und hat seine ganz besondere Art zu sein. Zu glauben, es gäbe die perfekte Version, die für ALLE Menschen gleichermaßen gelten kann, ist reine Illusion — dann würden ja nur noch Kopien des „Perfekten" herumlaufen und alle wären gleich. Doch genau das ist doch das Schöne: Was der eine nicht kann, ist des anderen Stärke. Nur gemeinsam können wir wirklich Großes erreichen.

Konkurrenz existiert nur, wenn wir uns nicht erlauben, etwas auf unsere Art und Weise zu machen, sondern glauben, es so tun zu müssen wie alle anderen. Was dabei rauskommt? Ein Einheitsbrei. Wer will das denn? Die wenigsten Menschen. Wir suchen doch Dienstleister auf, die eben nicht alles für jeden anbieten, sondern Experten auf ihrem Gebiet sind. Oder? Genau diese Vielfalt der Einzelnen macht unsere Welt reicher. Also: Trau dich, mutig dein Potenzial in die Welt zu tragen. Es ist genau das, was uns noch fehlt.

Dieses Gefühl, nicht gut genug oder falsch zu sein, ist in den meisten von uns tief verankert. Aber es ist nicht gut. Es hält dich davon ab, deine Einzigartigkeit zu leben. Sobald du beginnst, dein Leben nach den Maßstäben anderer zu führen, fängst du an, dein Inneres zu verleugnen. Frage dich, was du wirklich sein möchtest statt zu versuchen, dich anzupassen. Denn dadurch unterdrückst du nur dein wahres Potenzial und folgst nicht mehr dem Plan deines Herzens — auf Dauer wird sich dieser Zustand extrem ungut anfühlen. Was letztendlich dabei entsteht, ist ein Gefühl der Leere oder der Unzufriedenheit, weil du den Anforderungen gar nicht gerecht werden kannst. Oder du fühlst dich einfach falsch. Gefühle sind immer ein hervorragender Indikator, um festzustellen, ob du noch auf deinem Weg bist — und der sieht für jeden anders aus.

Beginne die Transformation zu dem, was du wirklich bist!

Menschlich zu sein, heißt nicht, es anderen gleichzutun oder „mit dem Strom zu schwimmen". Menschlichkeit ist die Toleranz, jeden so zu lieben wie er ist und sich zu erlauben, das auszuleben, was in einem selbst ist.

Natürlich hört meine Freiheit da auf, wo die des anderen anfängt. Es sollte selbstverständlich sein, jedem Menschen den Freiraum zu geben, den er benötigt, um zu seinem höchsten Potenzial zu wachsen. Der Versuch, jeden Menschen in die gleiche Schablone zu pressen, ist meiner Meinung nach der häufigste Grund dafür, dass bei immer mehr Menschen ein Burn- oder Boreout-Syndrom entsteht.

Unser Bewusstsein hat sich in den letzten Jahren so erhöht, dass wir nicht mehr einfach irgendeiner Arbeit nachgehen können, wie vielleicht noch unsere Großeltern. Wir übertragen persönliche Themen von zu Hause auf den Arbeitsalltag und umgekehrt. Die Sinnfrage ist wichtiger denn je und wir brauchen viel mehr Zeit und Muße für uns selbst. Es geht nicht mehr, mit schlechten Gedanken oder Gefühlen einer Arbeit nachzugehen — also müssen wir endlich lernen, dass jeder seiner Individualität Ausdruck geben darf und wir dennoch am gleichen Strang ziehen können.

 Stolperstein 9: Die Ausreden:

„Keine Zeit" und „Jetzt passt es gerade nicht".

Diese Ausreden kommen gleich nach der Vermutung, kein Geld für die Realisierung des Wunsches zu haben. Blockier dich damit bitte nicht selbst! Denn wenn du etwas wirklich willst, kannst du immer zumindest ein wenig Zeit finden, um dein Projekt nach und nach zu verwirklichen. Sobald deinem Wunsch eine der typischen Ausreden im Wege steht, setze dein Bewusstsein ein und entlarve sie als das, was sie sind: Ausreden und Lügen, um dich nicht aktiv werden zu lassen.

Ausreden, die verzögern sollen

Hör bitte damit auf, ständig mit dir selbst zu diskutieren. Hör auf mit all den Ausreden, die dich immer wieder stoppen und von deinem Ziel abbringen:

„Jetzt gerade habe ich keine Zeit".

„Ich kann das erst machen, wenn ..."

„Im Moment habe ich nicht den Freiraum und zu viele Verpflichtungen."

Stoppe deine inneren Diskussionen mit dir selbst und setze genau diese Zeit, in der du normalerweise darüber nachgegrübelt hättest, ob es geht oder nicht, einfach sofort ein. Komm ohne Umschweife sofort ins Tun. Ich sage mir dann immer: „Ich diskutiere jetzt nicht mit dir! Stopp!"

Denn all das innere Abwägen und Zerdenken bringt dich nicht weiter. Es ist reine Zeitverschwendung. Denn in der Zeit, in der du überlegst: „Soll ich es tun oder lieber doch nicht?" hättest du es vielleicht schon längst erledigt.

Folge unbeirrt deinem Herzen und setze alles sofort um, was dich deinem Ziel näherbringt!

Was meinst du, wie viel mehr du in deinem Leben umsetzen und verwirklichen könntest, wenn du ab heute einfach sofort ins Tun kommst?

Viel zu oft diskutieren wir so lange mit uns selbst bis wir den Plan am Ende doch verwerfen. Das Leben schreitet fortwährend voran, jedoch ohne, dass DU vorankommst. Und wenn du Ideen nicht in dem Moment verwirklichst, in dem sie entstehen, sie Schritt für Schritt angehst, schließt sich irgendwann das Zeitfenster hinter dir und die Chance ist vertan. Das Universum sendet dir Ideen und Impulse, die dir dienen, um deinen Plan zu vollenden. Wenn du in dir einen Impuls wahrnimmst, etwas zu tun — dann setze ihn bitte auch sofort um. Das Universum arbeitet mit dem, der willig ist, es zu tun. Du weißt nie, wohin dich dieser Weg führen wird.

Und noch etwas: Es gibt keine falschen Entscheidungen. Manchmal gehen wir Umwege, ja. Aber gerade an denen wachsen wir, denn sie zeigen uns, was wir in Zukunft noch besser machen können. Möglicherweise gehört der ein oder andere Umweg sogar zu deinem Plan, denn nur so kannst du dich ausprobieren und bekommst deinen Wunsch noch exakter zu fassen.

 Stolperstein 10: Noch mehr Ausreden.

Etwa: „Ich habe nicht genug Geld!"

Oft benutzen wir unseren Kontostand, um unseren eigenen Wert in der Gesellschaft zu messen. Wir haben gelernt, wer viel Geld auf dem Konto hat, der ist mächtig, hat Einfluss und steht ganz weit oben. Menschen mit wenig Geld gelten meist als weniger wertvoll, machtlos und werden allzu schnell an den Rand der Gesellschaft gestellt: „Haste was, biste was. Haste nix, biste nix."

Die Ich-hab-kein-Geld-Ausrede

Nichts ist sicher, außer wenn du jenes Wissen erlangst, das es dir ermöglicht, jederzeit in finanzieller Fülle zu leben. Geld allein ist weder der Schlüssel zu einem besseren Selbstwert noch zu einem echten Sicherheitsgefühl!

Geld und Fülle sind für mich ganz unterschiedliche Dinge: Geld ist die Währung, mit der wir zahlen. Und die Fülle ist das Gewahrsein, mit allem in Verbindung zu stehen, ein Sich-Geborgen-Fühlen im Universum und die Gewissheit, jederzeit Zugriff auf alles zu haben. Wenn du dich erst mal in die fatale Lüge „eingekauft" hast, dass du dich nur dann gut, zufrieden, kompetent und frei fühlen kannst, wenn du eine bestimmte Summe Geld verdienst, dann wirst du schnell merken, dass du in eine Falle getappt bist. Denn du wirst nie genug Geld haben. Sobald du die angestrebte Summe erreicht hast, wirst du mehr haben wollen — und dich doch weiter in deiner finanziellen Unsicherheit und im Mangeldenken befinden. Egal, wie viel du bereits hast: Unser Ego ist so angelegt, dass es immer noch mehr will und selten mit dem zufrieden ist, was bereits da ist. Es gibt schließlich immer andere, die noch mehr haben als du. Darum wirst du dich immer weiter klein fühlen — ganz egal, mit welcher Summe.

Fühle die Fülle, die bereits um dich herum ist!

Vielleicht hast du das sogar schon mal erlebt? Du hast einen lang ersehnten Traum verwirklicht und dein Herz fühlt sich dennoch leer an? Das wundert mich nicht, denn es geht darum, auch vorher schon zufrieden und erfüllt zu sein. Gedanken wie: „Wenn ich dies und jenes habe, bin ich endlich zufrieden", oder: „Erst, wenn ich befördert werde, geht es mir richtig gut", erfüllen niemanden wirklich. Ein derart verzerrtes Denkmuster wird auch nach dem Erreichen deines Ziels weiterlaufen — also entscheide dich, dein „Wenn dies oder jenes, dann ..."-Ding jetzt sofort zu ändern! Leg es ab und sei mit dem zufrieden, was du schon jetzt hast. Die Zufriedenheit beginnt bereits auf dem Weg dorthin. Denn nur dann kannst du das an dich ziehen, was du dir wünschst.

Unser Resonanzsystem ist so eingestellt, dass du nur das im Außen bekommst, was genau deiner inneren Einstellung entspricht. Erst, wenn du findest, dass du gut genug bist, um deine Wünsche zu verwirklichen und in Fülle zu leben, wird es auch so sein. Du bestimmst deinen Grad an Fülle zu 100 Prozent selbst.

Und wieder höre ich dich sagen: „Und wieso komme ich dann immer nur gerade so über die Runden? Ich möchte ja mehr Geld zur Verfügung haben! Warum unterstützt mich das Universum nicht dabei?" Das kann ich dir genau sagen: Weil du es noch nicht uneingeschränkt gewählt hast. Dein Gedanke ist: „Ich komme immer gerade so über die Runden" und das Universum gibt dir die Entsprechung, dass du immer gerade so über die Runden kommst.

Du musst erst einen neuen Gedanken wählen, der ab sofort für dich gelten soll! Wie zum Beispiel: „Ich verdiene immer mehr Geld als ich ausgeben kann." Der erste Schritt liegt also in deiner aktiven Umsetzung. Wenn du eine bestimmte Summe verdienen möchtest, musst du erst einmal deine Frequenz darauf einstellen – und das sollte eine Energie sein, die dir ein Lächeln ins Gesicht zaubert und deinen ganzen Körper innerlich freudig vibrieren lässt. Ein Ziel, für das du brennst und das du uneingeschränkt einforderst. Ein Ziel, das du schon vor Augen siehst und das in dir ein zu hundert Prozent wohliges Gefühl auslöst.

 Stolperstein 11: Dein innerer Schweinehund:

„Morgen fange ich wirklich an. Versprochen!"

Ein weiterer innerer Boykotteur ist unser innerer Schweinehund, der sich um nichts in der Welt bewegen und stattdessen alles beim Alten belassen möchte. Er findet ständig Gründe, um Dinge zu verschieben oder gar nicht erst zu tun, denn alle Veränderungen findet er blöd — die würden ja bedeuten, Energie zu verbrauchen.

Schweinehund und Komfortzone

Das bedeutet, dass du in der Regel auf sehr viel Widerstand stoßen wirst, sobald du etwas Neues machen willst. Was dein Schweinehund nicht kennt, mag er nicht und tut es bestenfalls widerwillig. Um deine Komfortzone zu verlassen, musst du also alte Gewohnheiten aufgeben. Mit diesem unangenehmen Zeitgenossen wirst du dich vor allem in der Zeit der Verwirklichung deines Wunsches ständig auseinandersetzen müssen. Und zwar dann, wenn du wirklich ganz konkrete Schritte zur Umsetzung deines Plans unternehmen willst. Du musst ihn dann jeden Tag von Neuem motivieren, mit dir an einem Strang zu ziehen.

Überleg dir also am besten schon jetzt gute Argumente für dein Ziel. Dein Warum zu kennen, setzt viel positive Energie und Schubkraft frei — und kann auch deinen inneren Schweinehund ruhigstellen. Du erinnerst dich: Das Warum zu erkennen, ist erst einmal wichtiger als das Wann - und die Frage, wie es überhaupt gehen soll!

Trau dich einfach: mit Freude dein Ziel anzugehen!

Wenn du zum Beispiel beginnst, morgens eine Stunde früher aufzustehen, um eine Stunde im Wald vor der Arbeit zu laufen, wird dein innerer Schweinehund erst einmal richtig rebellieren. Du befindest dich außerhalb deiner Komfortzone und deine neue Routine ist noch nicht im Autopiloten abgespeichert.

Zähneputzen ist zum Beispiel so automatisch abgespeichert, dass du — ohne darüber groß nachzudenken — morgens zu deiner Zahnbürste greifst. Aber du weißt ja: Alles Neue bedarf erst einmal großer Anstrengung. Und genau so ist es mit dem Laufen im Wald. Du musst es erst einmal TUN, auch wenn es dir schwerfällt.

Nach ungefähr 21 bis 28 Tagen ist auch das in deinem Autopiloten abgespeichert, es wird dir leichtfallen, eine Stunde früher aufzustehen, weil du ja inzwischen weißt, wie viel fitter du dich danach fühlen wirst.

 **Stolperstein 12: Fehlende Dankbarkeit für das, was bereits da ist: "Ich bin unzufrieden."**

Wenn du einmal zurückschaust auf dein Leben, wirst du erkennen, dass du bereits viele Dinge erfolgreich gemeistert hast. Kleine Dinge, aber bestimmt auch schon viele große. Vielleicht waren darunter Projekte, von denen du nicht mal im Traum gedacht hättest, dass so etwas für dich möglich sein könnte. Stattdessen halten wir uns viel zu oft mit Dingen auf, die nicht gut gelaufen sind, ärgern uns monatelang über andere Menschen und erzeugen damit in uns eine Unzufriedenheit, die den Körper in einen negativen Zustand versetzt, uns langfristig krank macht. Wenn du deinen Fokus auf das lenkst, was schlecht gelaufen ist, dann ist das, als ob du alles Negative in dir weiter nährst. Du hältst dich selbst in der Unzufriedenheit gefangen.

Anerkennung und Dankbarkeit fehlen

Und, mal ganz ehrlich: Hast du dich eigentlich schon einmal selbst für das anerkannt, was du bereits alles geschafft und geschaffen hast? Du erschaffst mit jedem Gedanken und Handeln dein Leben, meist, ohne es zu merken. Aber es ist doch so: Alles, was du jetzt hast und bist, hast du erschaffen. Das ist eine großartige Leistung!

Hülle das Erreichte in Frieden und Dankbarkeit ein!

Mach es dir zur Gewohnheit, alles, was du erreicht hast, auch wirklich wertzuschätzen. Halte einen Moment inne und nimm dir Zeit, um die Entwicklung zu sehen, die du bereits gemacht hast.

Feiere dich dafür!

Sieh dir all das an, was du bereits geschafft und geschaffen hast. Um dich herum ist unendliche Fülle. Es ist für jeden genug da, wenn du offen bist, es zu sehen und ein Gewahrsein dafür entwickelst, dass es auch für dich da ist.

Wie du selbstbestimmt dein Leben änderst

Fragen stellen

Bist du bereit, dich auf den Weg zu machen und dein Bewusstsein dabei einzusetzen? Wie oft triffst du beispielsweise ganz bewusst eine Entscheidung, die dir zu 100 Prozent entspricht? Wie oft bist du wirklich mit deinem Selbst verbunden und spürst, was für dich und dein Leben perfekt passt? Wie oft stellst du deine Bedürfnisse unter die deiner Familie, deines Chefs, deiner Freunde und deines Partners? Wie oft lässt du den anderen mehr Raum als dir selbst? Fragst du dich jeden Tag, ob das, was du da gerade lebst, dir wirklich entspricht? Und wenn nicht, fragst du dich, was es braucht, um das zu ändern? Wie würde dir dein Leben wirklich gefallen?

Fragen zu stellen bedeutet, sich neue Möglichkeiten zu eröffnen, um über das hinaus zu wachsen, was jetzt ist.

Waches Bewusstsein einsetzen

Um wahrzunehmen, was nicht in dein Wunschleben passt, brauchst du ein waches Bewusstsein, wobei du erst „wach" wirst, wenn du dir die richtigen Fragen stellst, wenn du in jenes Gewahrsein kommst, mit dem du erkennen kannst, was dich lähmt oder schmerzt.

Und wenn du dich jetzt fragst, ob du das auch kannst: Ja! Jeder Mensch ist mit dem gleichen Bewusstsein ausgestattet und jeder hat dieselben Fähigkeiten, um es jeden Tag mehr zu erweitern. Das Bewusstsein löst einen Aha-Effekt in dir aus, der Klarheit schenkt.

Natürlich haben die unbewussten Automatismen manchmal auch Vorteile im Alltag: Tätigkeiten wie gehen, essen, atmen und sprechen laufen komplett autark ab ohne, dass wir darüber nachdenken müssen. Wenn du morgens nicht wüsstest, wo du abends übernachten sollst und wie du am nächsten Tag an dein Essen kommst, würde dir das Angst oder zumindest ziemliches Unbehagen bereiten. Morgens zu wissen wo wir aufstehen, wohin wir zur Arbeit gehen und woher wir unser Geld bekommen — das bedeutet Sicherheit für uns. Wir fühlen uns dadurch geborgen und dazugehörig, stimmt's? All das passiert automatisch im Hintergrund und ist natürlich enorm energiesparend. Wie anstrengend wäre es, jeden Tag aufs Neue darüber nachdenken zu müssen, wie das Atmen funktioniert!

Autopilot ausschalten

Wenn wir Dinge verändern wollen, müssen wir den Autopiloten in allen Situationen, die dem Erreichen unseres Ziels nicht dienlich sind, ausschalten — oder ihn zumindest umprogrammieren.

Im Autopiloten der meisten Menschen wurde abgespeichert, dass wir nicht die Fähigkeit besitzen, mit unserem Denken die Welt zu verändern. Alles, was wir nicht kennen, verwirrt uns erst einmal. Aber du kannst weit mehr beeinflussen, als das, was du im Moment glaubst. Es ist wichtig, dass du das weißt, denn du sollst ja lernen, deine eigene Realität zu erschaffen.

Wenn du dich also nicht bewusst dafür entscheidest und lernst, deine zwei bis fünf Prozent Bewusstheit auch zu nutzen, wirst du von deinem Autopiloten geführt — und der lässt dich die Dinge eben genauso tun, wie du sie schon immer getan hast.

Das Gemeine an der ganzen Sache ist, dass du die wenigsten Glaubenssätze und Überzeugungen auf der Festplatte deines Autopiloten wahrnehmen kannst, während sie dein Handeln, Fühlen und Denken steuern. Jedes Mal, wenn du im Autopiloten bist und in eine bestimmte Situation kommst, sucht er nach vergleichbaren Erlebnissen und legt die entsprechende Platte auf. Du entscheidest also nicht neu, was du jetzt möchtest und was für dich Sinn macht, sondern handelst nach Schema F.

Was wählst du? Bewusstsein oder Autopilot?

Bewusstsein bedeutet, unbewusste Gedanken für dich wahrnehmbar zu machen und immer ganz präsent zu haben, welcher Automatismus da gerade läuft. Erst dann kannst du dich fragen, ob dies für deinen Wunsch zielführend ist. Genauso, wie du jeden Morgen deinen Körper pflegst, solltest du auch jeden Tag Gedankenhygiene betreiben. Mit Gedankenhygiene meine ich die Fähigkeit, all die Gedanken auszusortieren, die nicht zielführend oder stärkend für dich sind.

Ein sehr guter Weg, um Gedanken besser wahrzunehmen und zu entschleunigen, ist zum Beispiel die Meditation. Durch tägliche Meditation lernst du, mehr und mehr in die Stille zu kommen und das ständige Geplapper im Kopf verstummen zu lassen. Durch die zunehmende Stille fällt es dir leichter, deinen Geist auf das auszurichten, was du dir wünschst, um die entsprechende Energie in dir zu erzeugen — und die Entsprechung dieser Energie zu dir zu ziehen.

Freie Entfaltung oder: Das Herz als zweites Gehirn

★★ Stell dir vor, wie dein Leben wäre, wenn du dir
★ erlauben würdest, 100 Prozent du selbst zu sein.

Wenn wir unser eigenes Leben erschaffen wollen, sollten wir damit beginnen, unserem Herzen die Erlaubnis zu geben, sich frei entfalten und komplett anders als alle anderen sein zu dürfen. Nämlich du selbst. Dein Herz nimmt dabei eine entscheidende Rolle ein. Mit seinen Neuriten bildet es dein zweites Gehirn. Es ist der Raum in dir, mit dem du dich selbst wahrnehmen kannst und mit dessen Hilfe du auch im Außen mit allen und allem Kontakt aufnehmen kannst.

Mit deinem Herzen kannst du die Energie erzeugen, senden und gleichzeitig an dich ziehen für das, was immer du dir wünschst.

Gar nicht so einfach, wo wir doch gelernt haben, dass wir dem Lebensmuster folgen sollten, das uns vorgelebt wurde: an fünf Tagen der Woche acht Stunden arbeiten, den passenden Partner finden, heiraten, Kinder bekommen und auf mehr oder weniger vorgegebene Art zu leben. Viele Menschen fühlen sich allein deshalb schlecht, weil sie eben nicht so sind, wie es von der Gesellschaft gefordert wird. Sie fühlen sich ohne diesen Raum für ihre Individualität und Kreativität so unwohl, dass sie sich quasi abschalten und dabei depressiv werden. Weil sie sich nicht erlauben, sie selbst zu sein.

Neue Gedanken statt alter Glaubenssätze

★★ **Stell dir vor, du könntest alles haben, was du dir**
★ **wünschst — was würdest du wählen?**

Stell dir vor, du träumst von einem schönen Urlaub — sagen wir, von einem Ayurveda-Urlaub auf Sri Lanka. Dein Herz sehnt sich nach dieser Art Urlaub und du spürst schon, wie gut es sich für deinen Körper anfühlen wird, jeden Tag vierhändig mit warmen Ölen massiert zu werden. Schwupp — schon springt dein Autopilot an und schickt dir ein paar nette Gedanken: „Das ist doch viel zu teuer! Das kann ich mir im Moment auf keinen Fall leisten. Mallorca ist auch gut. Nach Sri Lanka kann ich ja noch in ein paar Jahren fahren, wenn ich wieder einen Partner habe."

Alles klar? Da ist es, das ständige Geplapper im Kopf. Solche Gedanken widersprechen deinem Wunsch im Herzen und bremsen dich aus. Obwohl du diese Sehnsucht in dir trägst, kommen Bedenken, Ängste und Selbstzweifel hoch. Wie oft hast du deine Träume deshalb gleich wieder auf Eis gelegt? Doch dein Herz hat seine eigene Intelligenz. Wir haben halt nur gelernt, immer auf unseren Kopf zu hören und nur ihm zu folgen.

Hör dir diese „Platte" lieber gar nicht erst lang an, sondern frag dich besser gleich: „Nach wem klingt das hier? Wer würde so etwas sagen? Bin das wirklich ich, der das denkt?" Kommt es von deinem Vater oder deiner Mutter, jemand anderem oder kommt es von dir selbst?

Wenn du die Antwort gefunden hast, stell dir eine weitere Frage: „Was braucht es, damit ich genau dort hinkomme, wo ich hinmöchte?" In diesem Moment veränderst du sofort deine Energie, denn du strahlst damit aus, dass du es dir wert bist und verdient hast, dass deine echten Wünsche Realität werden. Du machst sie zu einer Tatsache, die nicht verhandelbar ist: „Ich gehe nach Sri Lanka! Was muss ich dafür tun?"

Aber selbst, wenn du dich für Sri Lanka entschieden hast, kommen weitere Möglichkeiten, dich auszubremsen: Wenn du dir nur einen Zwei-Sterne-Urlaub erlaubst, bekommst du auch einen Zwei-Sterne-Urlaub. Wenn du dir aber erlaubst, einen 5-Sterne-Urlaub zu buchen, dann wird das Universum dafür sorgen, dass du genau das bekommst. Du wirst sehen, wie sich das Universum umgestaltet und über seine unendlichen Möglichkeiten einen 5-Sterne-Urlaub für dich bereithält. Sei es über Gutscheine oder Sonderaktionen oder Ähnliches. Du fragst dich, woher du weißt, dass dir die Manifestation gelungen ist? Wenn du dich für 5 Sterne entschieden hast, wirst du nach gar nichts anderem mehr Ausschau halten und das, was das Universum dir zukommen lässt, leicht finden.

Das ist es übrigens, was ich in meiner Praxis tatsächlich zum größten Teil mache. Nein, ich schicke meine Klienten nicht in Luxusurlaube, aber ich helfe ihnen, die im Hintergrund laufenden Glaubenssätze-Gedanken zu hören und durch andere zu ersetzen. Die neuen Gedanken erlauben es, neue Wege zu gehen. Und die meisten Klienten kommen zu mir, weil sie auf die bisherige Art mit ihrem Leben nicht weiterkommen und spüren, dass es einer Änderung bedarf. Zunächst wissen sie weder, was genau sie in dieses Dilemma geführt hat, noch was und wie sie es ändern können, damit Neues entsteht. Genau da setzt meine Arbeit an: Ich zeige ihnen, dass die Lösung in ihnen liegt. Die Limitierung des Selbst findet nicht im Außen statt, sondern im Inneren, deshalb kann es auch nur einer auflösen: du selbst.

Das Universum kann dir helfen

⭐ **Frage dich nicht nach dem Wie, sondern sei achtsam, wer oder was dir begegnet**

Wenn du dich für etwas Neues entschieden hast, unterstützt dich das Universum mit allem, was du brauchst, um dein Ziel zu erreichen. Wie bereits gesagt — dem Universum ist es wirklich egal, was oder wie viel du dir wünschst.

Eine Freundin, mit der ich mein Wissen geteilt hatte, fragte mich mal, ob es okay sei, die Dinge, die man sich gewünscht habe, auch wieder abzugeben. Ja, natürlich — auf jeden Fall! Sie hatte für sich entschieden, dass es schön wäre, ein Haus zu besitzen und jetzt ein hervorragender Zeitpunkt wäre, danach Ausschau zu halten. Zusätzlich hatte sie beschlossen, dass ein neues Auto auch ganz gut wäre, denn sie wusste ja bereits von mir, dass es in Ordnung ist, um alles zu bitten, was man sich wünscht. Das Ganze läuft übrigens ohne das Schuld- und Sühne-Konzept katholischer Grundsätze ab, denen gemäß man sich mit dem, was man bekommt, demütig zufriedengeben sollte. Nein, wir dürfen genau das einfordern, was wir uns wünschen.

Nachdem meine Freundin diese Entscheidungen mit einem aufgeregten Freudekribbeln für sich getroffen hatte, ging sie wenige Tage später zum Einkaufen in den Supermarkt und traf gleich zwei Bekannte, die ihr berichteten, dass sie jeweils ihre Häuser verkaufen wollten und Käufer suchten. Gleichzeitig wurde ihr im beruflichen Umfeld auch noch ein neues Auto angeboten ... Yes! So geht das. Allerdings ging ihr das mit dem Haus dann doch etwas zu schnell und sie hatte ein schlechtes Gewissen, die sich ihr bietenden Möglichkeiten abzulehnen.

Doch Abbestellen ist völlig in Ordnung, denn das Universum wertet nicht und denkt daher auch nicht erbost: „Was? Erst bestellen und dann wieder stornieren? Frechheit, dir helfe ich nicht mehr!"

Die ganze Fülle deines Lebens ist schon da!

★★ **Glaub mir: Du bist ein mächtiges Wesen, das alles ★ verändern kann!**

Wir sind mit allem, was ist, verbunden und je mehr wir uns dessen bewusst werden desto mehr kommen wir mit unserer schöpferischen Macht in Verbindung. Du besitzt und weißt bereits jetzt alles, was du brauchst. Dir ist nichts mehr hinzuzufügen und du kannst jetzt schon in der Fülle leben, die du dir wünschst. Wähle es einfach.

Das Universum, wie auch alles, was darin enthalten ist, ist reine Energie. Gleiche Energie zieht gleiche Energie an. Das ist das Gesetz der Resonanz. Ich weiß, dass ein Teil der Leserinnen und Leser nun versuchen wird, diese Ansicht über Begriffe wie Glück oder Zufall zu revidieren. Nach dem Motto: „So etwas gibt es nicht!" Doch! Wenn du Zufriedenheit bist und dir in deinem Leben Glück begegnet, ist das kein Zufall.

Es passiert wirklich nur das, was deinem Inneren gerade entspricht. Das heißt, es ist nie Zufall, wenn etwas Gutes oder Schlechtes passiert, sondern es ist das, was dir gerade entspricht. An dem, was du im Außen hast, kannst du sehen, wie dein energetisches Schwingungsfeld gerade aussieht. Dein Bewusstsein ist das mächtigste Werkzeug für mehr Erfolg in deinem Leben.

Das Wunder der Energie

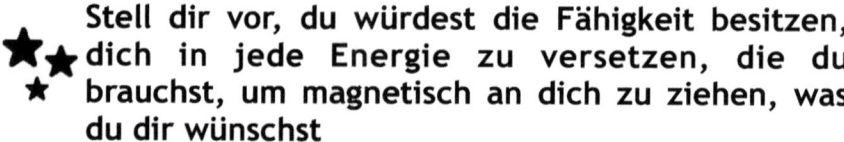 **Stell dir vor, du würdest die Fähigkeit besitzen, dich in jede Energie zu versetzen, die du brauchst, um magnetisch an dich zu ziehen, was du dir wünschst**

Mal ganz ehrlich, hast du nicht auch schon Dinge in deinem Leben erlebt, die absolut unerreichbar schienen? Die eigentlich gar nicht hätten sein können? Und dennoch sind sie wie durch ein Wunder passiert. Wenn wir etwas wirklich wollen und ein riesengroßes „Ja!" in uns spüren, dann geschehen Dinge, die weit über das hinausgehen, was normalerweise möglich ist.

Wenn Träume wahr werden, hat das oft etwas Magisches, denn dann greifen einfach verschiedene Dinge wie die Zahnräder eines Uhrwerks perfekt ineinander. Menschen, Möglichkeiten und ganz neue Gegebenheiten kommen zusammen, sodass dein Traum in der Wirklichkeit Gestalt annimmt.

Kannst du dich noch an eine Situation erinnern, in der etwas von dir sehnlichst Gewünschtes wie durch ein Wunder geschehen ist?

Vielleicht hast du schon mal eine Wohnung gesucht, die einen ganz bestimmten Standard erfüllen sollte? Wolltest du eine Wohnung zu einem bestimmten Preis oder in einer bestimmten Gegend, womöglich mit einem Balkon oder einer Badewanne? Und dann ist es passiert, dass du genau diese Wohnung wirklich gefunden und auch noch bekommen hast? Vielleicht ist dir das auch mit deinem Partner oder einer neuen Aufgabe so gegangen. Denk mal an ein solches Erlebnis zurück — vielleicht führt dir das deine Macht vor Augen. Denn um eine Wohnung oder anderes zu bekommen, müssen ganz schön viele Dinge passieren und ineinandergreifen: Die

Wohnung beispielsweise muss erst mal frei werden, dann musst du sie ja auch noch finden, zum Beispiel über eine Anzeige, einen Makler oder einen Bekannten. Genau das ist die Magie, mit der du eine Energie erzeugst, die Materie in Bewegung setzt und Träume manifestiert. Viele Menschen sprechen dann von Glück, Zufall oder Segen, aber ich sage: Du allein hast diese Magie bewirkt.

Das beste Beispiel für eine erfolgreiche Wohnungssuche ist meine Praxis. Ich wollte unbedingt einen Fernblick ins Grüne haben — das wusste ich schon Jahre bevor ich die Praxis überhaupt eröffnete. In meiner Vorstellung stand ich immer auf einer Steinmauer vor dem Haus und hatte diesen Blick ins Grüne. Und was soll ich sagen — an genauso einem Ort arbeite ich heute und diese Räume sind mir regelrecht nachgelaufen. Zuerst wollte ich sie gar nicht haben, weil es noch so viel zu renovieren gab und das Ganze mitten in der Stadt lag — ich wollte doch meinen Fernblick ins Grüne. Aber ich war zunächst blind und zu blockiert, um zu sehen, dass es genau das war, was ich mir gewünscht hatte.

Es passiert übrigens oft, dass man die „Lieferung" auf den ersten Blick gar nicht erkennt. Mein Wunsch kam etwas anders daher, als in meiner Vorstellung, denn ich hatte nicht an das Detail gedacht, ob sie nun auf dem Land oder in der Stadt sein sollte.

Ein Tipp ist also: Sei immer achtsam mit dem, was dir begegnet. Es könnte bereits das sein, wonach du gefragt hast. Im Nachhinein weiß ich, dass das Universum alles perfekt geregelt hatte, denn meine Praxis hat eine optimale Anbindung und hält auch noch Parkmöglichkeiten bereit. Ich habe genug Platz, kann sogar Seminare abhalten. Nachdem ich eingezogen war, wusste ich, dass ich unbewusst schon lange vorher in Kontakt mit der Energie dieses Hauses gewesen war und es nur bereitstand, um mir als Praxis zu dienen. Als ich dann zum ersten Mal tatsächlich auf dieser Mauer stand und mitten in der Stadt einen grünen Fernblick hatte, breitete sich unendliche Dankbarkeit in mir aus. Und ich habe eine tiefe Verbindung und großes Vertrauen zu dieser Energie gespürt, die mich mit allem versorgt.

Samen für die Zukunft aussäen

★★★ Du bist die einzige Macht in deinem Leben, die alles verändert

Ich rufe dir noch einmal in Erinnerung, dass dich das Universum wirklich bei allem unterstützt, worum du bittest. Du triffst durch jede Wahl, die Entscheidung über das, was geschieht. Das Einzige, das dich stoppen kann, sind deine Gedanken und die Ansicht darüber, wer du bist und was du kannst.

Steige aus dem fatalen Gedankenkonzept aus, das dir sagt, dass du Dinge nicht erreichen kannst, weil du noch nicht genug weißt oder weil du zu jung, zu alt, zu arm, zu reich, zu dick, zu dünn, zu klug, zu dumm, ungebildet oder zu gebildet bist. Das ist alles Unsinn. Das sind vielleicht Ansichten, die du irgendwann in der Vergangenheit mal gehört hast. Lass sie jetzt los, denn sie sind nicht wahr! Du bist das, was du sein möchtest und was du wählst zu sein. Das, wonach du dich innerlich sehnst, ist das Potenzial, das du bereits hast und das gelebt werden möchte. Sei nicht länger das Opfer deiner Vergangenheit.

Bewusstheit bedeutet, aus der Vergangenheit auszusteigen und jetzt das zu wählen, was du in Zukunft sein möchtest. Denke an Michelangelo, der in einem unfertigen Marmorblock bereits die Vollkommenheit Davids gesehen hat. Er hat in dem Marmorblock nicht das gesehen, was der in diesem Moment noch war, sondern das, was bald sein würde. Mach das Bild von dem, was du sein möchtest, in deinem Inneren vollkommen. Und zwar jeden Tag.

Denn wenn du aufhörst, in der Vergangenheit zu leben und dir nicht mehr ausmalst, was in der Zukunft alles schiefgehen könnte, beginnst du bewusst im Moment zu leben und damit bist du selbst die Veränderung.

Denn es ist ja immer so: Die Vergangenheit ist vorbei und die Zukunft existiert noch nicht. Das Einzige, was wahrhaftig existiert, ist der Moment — JETZT! Und du kannst frei wählen, welche Samen du für deine Zukunft jetzt säst.

Glück ist machbar! Aber du solltest es wirklich wollen

 Wer willst du jetzt, in diesem Moment, sein?

Sobald du erkennst, dass du ein bewusstes Wesen bist, das alles lenkt und bestimmt, was geschieht, begreifst du deine wahre Macht und erwachst. Nichts ist stärker oder machtvoller in deinem Leben als du selbst. Übernimm jetzt die volle Verantwortung für dein Leben und sei dir in jedem Moment dessen bewusst, was du jetzt gerade wählst.

Was die meisten Menschen und wahrscheinlich auch du, bisher über das Gesetz der Anziehung gedacht haben, ist, dass man einfach nur an etwas denken muss und schwuppdiwupp kommt es auch schon um die Ecke. Klar — das wäre super!

Wie wunderbar wäre es, wenn es wirklich so einfach wäre! In machen Büchern wird es folgendermaßen beschrieben: „Setze dich auf dein Meditationskissen und wenn du es dir stark genug wünschst und Stunden darüber meditierst, wird es kommen."

Oder: „Du musst einfach nur noch positive Gedanken haben, jeglichen Groll in dir gelöst haben und klar genug sein, um in Resonanz mit deinem Wunsch zu sein." Vielleicht stellst du dir Fragen wie: „Habe ich es überhaupt verdient? Bin ich gut genug? Oder hat es einfach nur mit Glück zu tun — das ich eben mal wieder nicht habe?"

NEIN! Es ist kein Glück.

Und es geht auch nicht darum, permanent nur positive Gedanken zu haben. Es geht um das Wissen, wie du deine Ziele erreichen kannst, um deine bewussten und vor allem unbewussten Gedanken, die noch im Widerspruch zu deinem Wunsch stehen ...

Es geht darum, sie zu verändern, sie auf das gleiche Level zu bringen, das deinem Wunsch entspricht. Wenn du einmal weißt, wie es funktioniert, kannst du es wirklich für jeden Wunsch einsetzen.

Das 28-Tage-Programm: vier Schlüssel zur Transformation

Das Programm beginnt!

Was kannst du in dem 28-Tage-Programm lernen?

Alles in dir ist so angelegt, dass du fähig bist, dein Inneres so zu steuern, dass du mit ihm dein Außen frei gestalten kannst. Du erzeugst die Energie von dem, was du möchtest und ziehst das Gewünschte damit im Außen an. Du bist eine wahre Manifestationsmaschine und hast alles, um jetzt sofort damit loszulegen.

Das 28-Tage-Programm soll dir Instrumente an die Hand geben, wie du deine Träume Schritt für Schritt realisierst. Ich zeige dir, wie du in den nächsten 28 Tagen genau die Energie in dir erzeugst, die du brauchst, um deine gesetzten Ziele tatsächlich zu erreichen. Gleichzeitig wirst du erkennen, warum du es vielleicht bis jetzt noch nicht geschafft hast und was bisher deine Stolpersteine waren.

Was musst du vorab wissen?

Ich zeige dir sowohl praktische als auch leicht wiederholbare Schritte, die du direkt umsetzen kannst. Damit das Programm auch wirklich für dich zum Erfolg führt, rate ich dir, die Übungen nicht im „Schnelldurchgang" zu absolvieren. Das kann auch bedeuten, dass du vielleicht für eine Übung mehr als einen Tag benötigst. Es ist wichtig, dass du dir Zeit nimmst, dass du mit jeder einzelnen Übung in die Tiefe gehst, sie wirklich ausführst – und nicht etwa nur durchliest ... Ein bekannter Spruch lautet nicht umsonst „learning by doing": Wenn du etwas nur liest, hast du das

Wissen noch lange nicht integriert. Damit sich deine Energie verändert und sich ein neues Mindset in dir festigen kann, musst du es TUN.

Bitte kaufe dir ein Arbeitsbuch, in dem du den Prozess deiner Einzel-Schritte dokumentieren kannst. Dieses Buch wird dein täglicher Begleiter, wähle daher eine Größe, die du überall mit hinnehmen kannst. Wenn du magst, gönn dir ein wunderschönes Buch oder einen Block, an dem du Freude hast. Das könnte dich zusätzlich inspirieren, deine Ziele zu erreichen. In dieses Buch notierst du alle Aufgaben, die schriftlichen Ausarbeitungen der täglichen Übungen und Fragen, die Visionen deiner Zukunft, die in dir auftauchen und natürlich dein Ziel.

Zusätzlich bekommst du jeden Tag eine neue Affirmation, die du mehrmals am Tag innerlich wiederholst. Ich schreibe mir meine Affirmationen gern auf ein Post-it, das ich dort platziere, wo ich es tagsüber ständig sehe — vielleicht ist das bei dir der Bildschirm? Und jedes Mal, wenn du die Notiz siehst, wiederholst du innerlich die Affirmation und versuchst, sie zu spüren. Du kannst sie dir auch zur Erinnerung als Handynotiz anlegen und dich ein paarmal am Tag daran erinnern lassen.

Genauso bitte ich dich, dir jeden Abend vor dem Schlafengehen 10 bis 15 Minuten Zeit für eine Meditation zu nehmen. Diese Abend-Meditation soll für dich ein Moment des Innehaltens werden, ein Zeitpunkt, an dem du den Alltag verlässt und dich in deinen inneren Raum zurückziehst, um dich deutlicher wahrnehmen zu können. Die Meditation funktioniert am besten, wenn du dir dafür einen festen Platz einrichtest. Am besten meditierst du im Sitzen, da man im Liegen gern mal darüber einschläft. Für die Art Meditation, die wir in den einzelnen Wochen machen werden, ist es jedoch wichtig, wach zu bleiben, damit du bewusst Einfluss nehmen kannst.

Die Sitzhaltung sollte für dich auf jeden Fall angenehm sein. Du musst also nicht unbedingt die Position des Schneidersitzes einnehmen, wenn dir das unbequem ist. Du kannst auch auf einem Stuhl Platz nehmen und dabei eine gerade Sitzhaltung einnehmen. Und — wichtig! — bitte alle Störquellen ausschalten, Computer, Handy oder was sonst noch Lärm machen könnte.

Wenn möglich, sollte es auch vom Optischen her ein ruhiger Platz sein, der auf dich beruhigend wirkt. Gib bitte auch deinen Kindern und der Familie Bescheid, dass du in den nächsten zehn Minuten nicht gestört werden möchtest.

Was erwartet dich — ganz konkret?

Wie kann dich Meditation unterstützen?

Da wir am Tag mit rund 60.000 Gedanken überflutet werden, überhören wir oft die eigenen Sehnsüchte und Bedürfnisse. Durch Meditation kannst du lernen, deine Gedanken wieder zu hören und gleichzeitig auf sie Einfluss zu nehmen.

Zusätzlich kannst du durch tägliche Meditation üben, deine Gedanken zu beruhigen und lernen, sie so zu verlangsamen, dass du sie klar wahrnehmen und aktiv durch dienliche ersetzen kannst. Denn während nur ein kleiner Teil deiner Gedanken zu dir an die Oberfläche durchdringt, läuft der Großteil unbewusst im Hintergrund weiter und bestimmt dein Handeln und Fühlen. In der Meditation können nachhaltig neue neuronale Verbindungen geschaffen werden, die dir ein neues Denken, Fühlen und Handeln überhaupt erst möglich machen. Dazu nehmen wir bewusst eine Verbindung zu unserem Herzen auf. Erst dann bist du in der Lage, wie nach einem Reset neue, gesunde und nährende Gedanken zu säen.

Ich werde dich wahrscheinlich um Dinge bitten, die dir zunächst seltsam erscheinen, die für dich keinen Sinn ergeben, weil sie scheinbar nichts mit deinem Wunsch zu tun haben. Dennoch möchte ich dich bitten, diese Dinge zu tun, weil es darum geht, langfristig deine Energie und dein Mindset zu verändern — diese Übungen helfen dir dabei. Deswegen habe ich ganz konkrete Übungen entwickelt und sie für dich in ein 28-Tage-Programm gesteckt, das es dir ermöglichen soll, genau das umzusetzen. Du wirst in jeder Woche die einzelnen Schichten deines Seins durchdringen, verändern und lernen, dein Mindset, Gefühl, Bewusstsein und Tun damit auf dein Ziel hin auszurichten.

Der Ablauf des Trainingsprogramms

Ablauf und Inhalt des 28-Tage-Programms

In dem Programm arbeiten wir nacheinander aufbauend mit folgenden vier Stufen:

➢ in der 1. Woche arbeiten wir mit deinem **Mindset**

➢ in der 2. Woche arbeiten wir mit deinem **Gefühl**

➢ in der 3. Woche arbeiten wir mit deinem **Bewusstsein**

➢ in der 4. Woche arbeiten wir mit deinem **Tun.**

In jeder Woche wird eine Stufe behandelt. Du bekommst an den jeweiligen Tagen der Woche Übungen, Affirmationen und eine Wochen-Meditation zu dem entsprechenden Thema.

In der ersten Woche werden wir damit beginnen, dein Mindset neu zu strukturieren. In der zweiten Woche werden wir dein Gefühl auf deinen Wunsch einstellen und ab der dritten Woche wirst du lernen, wie du die Energie durch dein Bewusstsein in dir und auch außerhalb von dir steuerst. Die letzte Woche wird dazu dienen, dass du das Erarbeitete ganz konkret in deinen Alltag umsetzen kannst, also ins Tun kommst.

Das 28-Tage-Programm ist für kleine Ziele gedacht. Wenn es um große Ziele geht, wie zum Beispiel, dich selbstständig zu machen, braucht es mitunter Monate bis zu ein paar Jahren, bevor du dein Ziel erfolgreich umgesetzt haben wirst. Der Weg dorthin ist jedoch der gleiche. Du kannst das Programm immer wieder durchlaufen. Oder nur einzelne Übungen wiederholen, etwa, wenn du in genau dieser Phase hängen bleibst und Unterstützung brauchst.

Ich werde dich darum bitten, deine tägliche Routine ein wenig abzuändern. Ich weiß, dass dein Tag jetzt schon voll ist. Dennoch möchte ich, dass wir deine Energie langfristig verändern. Und das braucht nun einmal neues Denken, neues Fühlen und neues Verhalten. Denn letztendlich bist du die Summe deiner Gewohnheiten.

Diese Aufgaben wirst du täglich von mir bekommen und ich habe dir schon mal aufgeschrieben, wie lange es in etwa dauern wird:

➢ zwei Morgen-Übungen: 5 Minuten

➢ eine schriftlich auszuarbeitende Übung: 10 Minuten

➢ eine Abend-Meditation: etwa 15 Minuten

➢ mit deiner Affirmation in Verbindung sein: etwa 10 Minuten

➢ das Kapitel für den nächsten Tag lesen: 20 Minuten

Alles in allem, bedeutet das also eine Investition von einer knappen Stunde pro Tag. Klingt das für dich machbar? Ich denke, es ist eine durchaus lohnenswerte Investition für ein neues Leben. Denn Veränderung geschieht einzig und allein durch dich und niemals zufällig. Veränderung geschieht durch dein Tun.

Trainingstipps

Wie du das Programm am erfolgreichsten durchführst:

➢ Nimm dir jeden Abend etwa zehn Minuten Zeit, um zu meditieren.

➢ Plane in deine Tagesroutine verbindliche und klar festgelegte Zeitfenster für die einzelnen Übungen ein. Überlege dir gut, wann es für dich am einfachsten und leichtesten ist. Wenn du dir nämlich sagst: Ich mache es dann, wenn ich gerade Zeit finde, läufst du Gefahr, es gar nicht zu tun.

➢ Am besten liest du dir am Vorabend immer schon die Planung für den nächsten Tag durch. Dann kannst du direkt morgens mit der Übung starten.

➢ Versuche nicht, mehrere Tagesübung an einem einzigen Tag zu machen. Lass dir Zeit.

➢ Jeder Tag baut auf die vorhergehenden auf. Lass also bitte keinen Tag aus oder überspringe einen Tag.

Bitte nimm dir für die einzelnen Tage genügend Zeit, um deine jeweilige Übung zu machen. Das heißt, wenn du noch nicht fertig bist mit der Tagesübung, dann nimm dir zusätzlich Zeit, die über den Tag hinausgeht und gehe erst zur nächsten Übung, wenn du damit fertig bist. Je intensiver du dich mit den einzelnen Übungen auseinandersetzt, desto besser kann sich die Veränderung in dir zeigen.

Und noch etwas sehr Wichtiges: Verabschiede dich von Gedanken wie, dass du noch nicht bereit sein könntest, noch nicht genügend wissen oder nicht gut genug sein könntest. Genau jetzt ist deine Zeit, denn sonst hättest du dieses Buch nicht in der Hand.

Das hört sich erst einmal nach nicht viel an, doch du wirst merken, wie schwer es wird, alte Routinen zu durchbrechen und deinen inneren Schweinehund zu überwinden. Aber genau das ist ja das Ziel — deine alte Energie in etwas Neues zu bewegen.

Vielleicht stellt es sich für dich als hilfreich heraus, dir in deinem Handy einen Wecker einzustellen, der dich täglich daran erinnert, zu einer bestimmten Uhrzeit deine Meditation, Übung oder Affirmation zu machen?

Und auch ganz wichtig: Feiere und belohne dich, wenn du Dinge erfolgreich verändert hast oder wenn dir Aufgaben gut gelungen sind und du deinem Ziel näher gekommen bist. Das erhöht dein Energieniveau und festigt dein Vertrauen in dich.

Auch, wenn es dir komisch vorkommen sollte, dich zu feiern — probiere es bitte mal aus! Wir sind es nur einfach nicht gewohnt, uns zu loben und wertzuschätzen für das, was wir im Leben jeden Tag leisten. Probier' es mal aus — ich verspreche dir: Es motiviert ungeheuer.

Dein Mindset

„Achte auf deine Gedanken,
denn sie werden Worte.

Achte auf deine Worte,
denn sie werden deine Handlungen.

Achte auf deine Handlungen,
denn sie werden dein Charakter.

Achte auf deinen Charakter,
denn er wird dein Schicksal."

Talmud

Es geht los: Wie du ein Mindset entwickelst, das dir hilft, ein Leben nach deinen Vorstellungen zu gestalten, um künftig in Fülle und finanzieller Freiheit zu leben.

Okay, los geht's. Ich möchte, dass du dir zunächst einmal die dunkle Seite in dir anschaust. Und zwar genau die, die dich noch davon abhält, endlich loszulegen und die unbewusst noch immer dein Leben bestimmt. Hierzu wenden wir uns in der ersten Woche deinem Mindset zu.

Mindset bedeutet Denkweise — also die Summe deiner Gedanken, Glaubenssätze und Einstellungen in Bezug auf deine Gesundheit, deinen Körper, deine Finanzen, deine Spiritualität, deinen Sinn, deine Werte und Beziehungen. Bevor du beginnst, eine neue Energie in dir zu erzeugen, ist es wichtig, dass du dein Mindset in Bezug auf deinen Wunsch überprüfst. Es ist vollkommen normal, dass du noch negative Glaubenssätze in dir trägst, doch so lange die noch unsichtbar sind, werden sie dich daran hindern, deine Träume und Ziele zu realisieren.

Deine Einwände, Überzeugungen und Gedanken speisen dein Informationsfeld, das exakt mit dem gleichen Feld im Außen in Resonanz geht und damit genau diese Dinge und Gefühle in dein Leben zieht. Dieses Informationsfeld beginnen wir nun, mit neuer Energie zu bespielen und räumen die einschränkenden Gedanken und Überzeugungen endgültig aus dem Weg.

Vielleicht denkst du ja noch Dinge wie:

➤ „Ich bin nicht perfekt genug, um erfolgreich zu sein."

➤ „Ich bin nicht gut genug, um etwas Neues anzufangen."

➤ „Geld zu verdienen ist hart und hat einen hohen Preis."

➤ „Ich bin zu dick/hässlich/dumm, um wahrhaft geliebt zu werden oder erfolgreich zu sein."

➤ „Mein Wissen reicht nicht aus, um mich selbstständig zu machen."

➤ „Da draußen gibt es nicht genug für alle."

➤ „Ich habe nicht die Möglichkeit, frei zu wählen und muss mit dem klarkommen, was ist."

Diese Gedanken und Einstellungen bilden das Fundament deines Lebens — im Positiven wie im Negativen. Wenn du sie nicht änderst, wirst du deine alten Muster immer und immer wiederholen. Sie laufen im Hintergrund weiter und blockieren deinen Fluss von Erfolg, erfüllten Beziehungen, Selbstbestimmung und finanzieller Freiheit.

Erst, wenn jede Zelle in der Energie deines Wunsches schwingt, kannst du ihn auch anziehen und wirklich Großartiges realisieren.

Die meisten Menschen, mit denen ich arbeite, glauben, dass sie keinerlei Kontrolle über ihre Gedanken und Einstellungen haben. Doch genau die haben wir! Und sie ist der wesentliche Schlüssel, um in Resonanz mit deinem Wunsch zu gehen, indem du dich auf das fokussierst, was du dir wünschst.

Das Paradoxe am Resonanzgesetz ist ja, dass du das Gewünschte bereits spüren sollst, bevor es sich in der Realität zeigt. Aber wie willst du etwas spüren, wenn du in deinem Inneren noch vom Gegenteil überzeugt bist?

Leider ist es unmöglich, Positives in dein Leben zu ziehen, wenn du dich wertlos fühlst und dich selbst schlecht behandelst. Deswegen ist es so wichtig, jeden Tag in dein Wohlergehen zu investieren.

Schaff dir ein Umfeld, in dem du dich wohlfühlst und anfängst, dich selbst zu lieben. Die Art und Weise, wie du jeden Tag lebst, was du jeden Tag tust und wie du selbst mit dir umgehst, hat einen entscheidenden Einfluss auf deine Energie und die Qualität deiner Gedanken. Je aufgeräumter du in deinem Inneren bist und je klarer dein Bild von dem ist, was du sein möchtest, desto klarer zeigt es sich im Außen.

Je wertvoller du dir selbst durch dein Tun und deine Gedanken begegnest, desto mehr wird dich das Universum darin bestärken, dir Gutes zu tun. Umgekehrt bedeutet das aber auch: Wenn dein Außen in Unordnung ist, so bist du es auch in deinem Inneren. Wenn du im Außen Streit hast, herrscht er auch in deinem Inneren. Wenn dein ganzes Leben Chaos und Unordnung ist, wirst du auch im Innen keine Klarheit über dich und dein Ziel bekommen. Erst, wenn du liebevoll mit dir und deinem Inneren bist, kann sich die Welt dir gegenüber liebevoll zeigen.

Du entwickelst die Blaupause deines Lebens also zuerst anhand der Gedanken und Gefühle in deinem Kopf. Und ich kann dir versichern: Du bist in der Lage, jeden Gedanken, den du möchtest, neu zu wählen, um dich von den alten Denk- und Verhaltensmustern, die dich davon abhalten, deine Träume zu realisieren, zu trennen. Denn wenn du dir weiter einredest, dass du nicht gut genug bist und es nicht draufhast, dann bist du raus! Du wirst damit dein gesamtes Potenzial und deine ganze Kreativität zum Erliegen bringen. Aber um das zu ändern genügt es, einfach eine neue Wahl zu treffen. Also denk einen neuen Gedanken, der dich deinem Ziel näherbringt, zum Beispiel: „Ich bin gut genug und bereit, den nächsten Schritt zu gehen. Ich gebe mein Bestes und habe Vertrauen, dass das Universum mir hilft, mein Ziel zu erreichen."

Tag 1: Das große Reinemachen

Hallo!

Heute ist der Start in eine neue Zukunft, in der du deine Träume Wirklichkeit werden lässt. Ist das nicht großartig? Die nächsten vier Wochen wirst du dich auf eine spannende Reise begeben, um deine alte Welt aus den Angeln zu heben. Heute, am ersten Tag, wenden wir uns zunächst deinem allgemeinen Wohlbefinden zu. Durch die folgende Übung möchte ich in dir Gedanken ans Tageslicht bringen, die dir zeigen, wo du selbst noch im Mangel bist und wo du noch nicht dein volles Potenzial lebst. Beobachte durch die Übung, wo du noch im Mangeldenken feststeckst und dir selbst im Weg stehst. Überall dort, wo du in der Liste ein Nein ankreuzt, weißt du, wo du noch nicht in der Fülle lebst. In einem Feld, wo du vielleicht besonders viele Neins hast, besteht dein höchster Behandlungsbedarf.

Lebst du so, wie du leben möchtest? Wenn du noch nicht dort bist, wo du hinmöchtest, liegt es an deinem Mindset. Ich glaube, wenn das Leben um dich herum noch in Unordnung ist, ist es schwer, den Fokus auf dein Ziel zu legen. Das Chaos würde dich immer wieder von deinem Ziel ablenken. Denn jedes unbearbeitete Thema, das du parallel zu deinem Ziel weiterlaufen lässt, zieht dir Energie ab.

Nehmen wir an, du möchtest wie ich ein Buch schreiben und hast gerade noch unerledigte Themen, wie etwa, dein Auto zur Inspektion zu fahren, einzukaufen, Altpapier wegzubringen ... auf deiner To-do-Liste stehen, dann könnten das unter Umständen genau die Dinge sein, die dich davon abhalten, dein Buch zu schreiben.

Dein Leben heute ist das Ergebnis vieler Mini-Schritte und Mini-Gedanken, die du in der Vergangenheit aufgrund deines

Mindsets gewählt hast. Dort, wo du in einem Jahr sein wirst, zeigt sich das Ergebnis deiner Mini-Gedanken und Handlungen, die du heute hast und machst. Wenn du anfängst, deine Gedanken und Einstellungen zu ändern und sie wirklich nachhaltig lebst, wirst du ein Fundament schaffen, das nachhaltig dein Leben verändert.

Der Mangel, den du jetzt in deinem Leben spürst, ist die Disharmonie deines Glaubenssystems, das noch nicht in Resonanz zu deinem Wunsch steht. In der heutigen Übung kannst du erkennen, ob sich dein Autopilot bereits auf dem richtigen Kurs befindet und dich dabei unterstützt, das zu erreichen, was du erreichen willst.

Also erschrick bitte nicht über die Defizite, die du in manchen Bereichen vielleicht noch hast. Dadurch, dass du dir schon mal deine Schwächen durch die Übung bewusst gemacht hast, können in deinem Unbewussten neue Lösungen entstehen. Und du wirst sehen, dass sich über die nächsten Wochen und Monate vieles schon von allein lösen darf und sich einiges geändert haben wird, wenn du die Übung wiederholst. Erkenne also bitte erst einmal mal an, was ist — und schiebe es nicht weg.

Übung 1, Tag 1

Wie sieht es heute in deinem Leben aus?

Diese Übung gibt dir einen sehr genauen Eindruck von allem, womit du momentan noch im Mangel bist. Wir gehen in der Übung alle Lebensbereiche durch und schauen uns dabei dein jeweiliges Mindset an. Ich habe dir dazu einige allgemeine Glaubenssätze aufgelistet, die du nur mit einem Ja oder Nein beantworten kannst. Ich möchte, dass du eindeutig

Farbe bekennst. **Bitte überlege bei den Antworten nicht zu lange, sondern versuche, schnell und spontan zu antworten.**

Es geht darum, deine unbewussten Glaubensmuster aufzuspüren, also die Punkte zu finden, an denen dein Mindset noch von der Klarheit und Fülle abweicht.

Stell dir am besten vorher einen Timer von maximal zehn Minuten, damit du deine Antworten nicht mit deinem Verstand „zerredest" oder „zerdenkst". Denn, wenn du anfängst, deinen Verstand hier mit hinein zu nehmen, kommen eher die Antworten zutage, die du gern hättest – aber nicht die, die du tatsächlich hast. Nimm deine Antworten erst einmal wertfrei an. Denn, wenn du deine Wurzel des Mangeldenkens erkannt hast – nämlich, mit welchen Gedanken du dich noch stoppst und deinen Träumen im Weg stehst –, kannst du sie auch auflösen. Das ist sozusagen schon die halbe Miete zum Erfolg: Gefahr erkannt – Gefahr gebannt.

Bitte lies dir folgende Liste durch und beantworte die Fragen spontan mit einem Kreuz bei Ja oder Nein:

Selbstwert	Ja	Nein
Ich bin mit mir zufrieden.	O	O
Ich kenne mich selbst ganz gut.	O	O
Ich führe ein harmonisches Leben.	O	O
Ich mag mich so, wie ich bin.	O	O
Ich fühle mich wohl mit mir.	O	O
Ich verstehe mich selbst.	O	O
Ich nehme mich selbst wahr.	O	O
Ich kümmere mich um mich,		

gönne mir jeden Tag etwas Gutes. O O

Ich liebe und akzeptiere mich so, wie ich bin. O O

Gesundheit und Körper	Ja	Nein
Ich liebe meinen Körper.	O	O
Ich bin gesund.	O	O
Ich hole jeden Tag das Beste aus mir heraus.	O	O
Ich schlafe gut.	O	O
Ich achte meinen Körper.	O	O
Ich treibe Sport.	O	O
Ich fühle mich wohl in meinem Körper.	O	O
Ich gebe meinem Körper gesunde Nahrung, die schlank und fit hält.	O	O
Ich habe mein Ideal-Gewicht.	O	O
Ich mag meine Kleidung.	O	O
Ich mag meine Frisur.	O	O
Ich gehe regelmäßig zur Kosmetikerin.	O	O

Deine Finanzen	Ja	Nein
Mein Kontostand ist ausgeglichen.	O	O
Alle Rechnungen werden pünktlich bezahlt.	O	O
Ich habe genug Rücklagen.	O	O
Ich lege regelmäßig und kontinuierlich Geld zur Seite.	O	O

Ich habe immer genug Geld zur Verfügung,

um mir alles leisten zu können, was ich brauche. ○ ○

Mir fällt immer etwas ein,

wie ich zu Geld komme. ○ ○

Ich liebe Geld. ○ ○

Ich erfreue mich daran, viel Geld zu verdienen. ○ ○

Geld zu haben, ist mir wichtig. ○ ○

Ich freue mich, wenn andere es geschafft

haben, viel Geld zu verdienen. ○ ○

Dein Beruf Ja Nein

Ich habe Vertrauen in mich und meine

Fähigkeiten im Beruf. ○ ○

Ich gestalte meinen Job aktiv. ○ ○

Ich bin erfolgreich. ○ ○

Ich erfreue mich am Erfolg von Anderen. ○ ○

Ich bin gut in dem, was ich mache. ○ ○

Ich glaube an mich und mein Potenzial,

jedes Problem zu bewältigen. ○ ○

Ich bin überzeugt, meine gesetzten Ziele

erreichen zu können. ○ ○

Das Wissen, das ich zu geben habe, ist einzigartig ○ ○

Deine Umgebung Ja Nein

Meine Wohnung ist in allen Ecken

sauber und aufgeräumt. ○ ○

Mein Auto ist in allen Ecken sauber
und aufgeräumt. O O

Ich fühle mich in meiner Wohnung wohl. O O

Meine Wohnung ist ein Ort der Ruhe,
wo ich Kraft tanke. O O

Es liegen keine unerledigten Dinge
in der Wohnung. O O

Meine Kleidung liegt/hängt ordentlich
und sauber in Schränken. O O

Ich schlafe in sauberer Bettwäsche. O O

Alle kaputten Kleidungsstücke werden
sofort repariert oder aussortiert. O O

Alles, was defekt ist, entsorge ich sofort. O O

Deine Freunde / Familie / Partner   Ja   Nein

Ich habe ein gutes Verhältnis zu meiner Familie. O O

Um mich herum herrscht Harmonie. O O

Ich lebe in einer Beziehung, die mir guttut O O

Ich lebe in einer Beziehung, in der
ich mich frei entfalten kann. O O

Meine Freunde unterstützen mich. O O

Ich habe Menschen um mich, die ich
jederzeit anrufen kann. O O

Gespräche mit Freunden inspirieren mich. O O

Meine Freunde lieben mich genauso, wie ich bin. O O

Ich kann mich stets auf meine Freunde verlassen. ○ ○

Meine Freunde sind immer pünktlich und
halten Verabredungen ein. ○ ○

Nach Verabredungen
gehe ich mit einem guten Gefühl. ○ ○

Dein persönliches Wachstum   Ja Nein

Ich bilde mich durch Bücher,
Seminare, Vorträge weiter ○ ○

Ich investiere in mich und mein Weiterkommen. ○ ○

Ich meditiere regelmäßig. ○ ○

Ich lasse mich durch Kunst, Kultur
und/oder die Natur inspirieren. ○ ○

In meinem Alltag gebe ich mir die Zeit,
mich mit meinem höheren Selbst zu verbinden,
um die Verbindung mit allem, was ist, zu spüren. ○ ○

Ich öffne mich meiner spirituellen Entwicklung. ○ ○

Auswertung

Du wirst es wahrscheinlich schon ahnen: Überall da, wo du
„Nein" angekreuzt hast, sollten wir an deinem Mindset arbeiten und dein Resonanzfeld energetisch erneuern. Was du
zum Beispiel im Außen an deiner Wohnung oder an dir selbst
siehst, entspricht lediglich deiner derzeitigen Energie, beziehungsweise deiner Denkweise.

Bitte schau dir jetzt die Neins an, die dich am meisten bewegt haben, denn das werden die Punkte sein, an denen auch der größte Handlungsbedarf besteht.

Wenn du dich jetzt fragen solltest, was das eigentlich mit deinem Wunsch zu tun hat, dann sage ich dir: sehr viel! Alles beruht auf Resonanz. Je besser du dich in deinem Leben fühlst, desto höher ist deine Energie und je höher deine Energie steigt, mit der du dir selbst bewusst wirst desto leichter kannst du dein Leben in die gewünschte Richtung lenken.

Das Unterbewusstsein schläft nicht

Wenn du zum Beispiel „Ich liebe Geld" mit einem Nein angekreuzt hast, dann ist es nach dem Gesetz der Resonanz eine logische Konsequenz, dass auch kein Geld zu dir kommen kann, denn du magst es ja nicht. Hier bringt es dich jetzt nicht weiter, dir die Affirmation „Ich liebe Geld, ich liebe Geld, ich liebe Geld ..." eintrichtern zu wollen, denn dein Unterbewusstsein schläft nicht. Es ist stets hellwach. Es findet Geld nicht gut, weil es nicht darauf eingestellt wurde, es gut zu finden. Du hast zu diesem Thema negative Gedanken angesammelt, die es dir nicht erlauben, Geld zu empfangen, selbst, wenn du dir hundertmal erzählst, dass es anders sei. Hier musst du also an einer neuen Einstellung arbeiten. Das braucht zum einen das Wissen und zum anderen die Zeit, um alte Gedankenmuster zu transformieren.

Du wirst in den nächsten Tagen und Wochen einige Übungen bekommen, um genau diese Glaubenssätze zu bearbeiten.

Einige Dinge wie Aufräumen, gesund essen, ein klärendes Gespräch mit Freunden oder dem Partner zu führen lassen sich schnell und vielleicht sogar sofort erledigen. Andere Themen, an denen du im Innen arbeiten musst, brauchen etwas mehr Zeit und Ausdauer. Aber das Wissen darum und die Anerkennung dieses Wissens sind schon mal gute erste Schritte.

Upgrade your life!

Was könntest du noch heute ganz konkret tun, um deinen derzeitigen Mangel zu beheben? Überprüfe die Dinge, die du mit einem Nein angekreuzt hast. Was raubt dir davon am meisten Energie? Fangen wir zunächst mit den Dingen an, die du heute noch erledigen kannst:

➢ Verbessere noch heute eine einzige Sache aus deiner Liste, die du mit „Nein" angekreuzt hast.

➢ Wenn du zum Beispiel bei: „Meine Wohnung ist in allen Ecken sauber und aufgeräumt" nein gesagt hast, dann beginne heute damit, die schlimmste Ecke aufzuräumen.

➢ Oder wenn du "Ich gebe meinem Körper gesunde Nahrung, die schlank und fit hält," mit einem Nein angekreuzt hast, dann gehe heute noch gesunde Lebensmittel kaufen, die du direkt danach für dich zubereitest und genießt.

Du wirst sehen, wie gut sich das anfühlt, am Abend die Dinge erledigt zu haben, die dir schon so lange Energie entzogen haben. Das gibt dir die Leichtigkeit und Kraft, dich auch anderen unerledigten Dingen zu widmen.

Und bitte, bitte feiere dich am Abend, wenn du es geschafft hast, Dinge zu erledigen, die du schon so lange aufgeschoben hast. Sei stolz auf dich. Und spüre, wie es dir ein ganz neues Lebensgefühl gibt.

Für alles, was heute noch nicht erledigt werden kann, setz dir in deinem Terminkalender „To Dos" für die nächste Zeit. Das wird dich mit jedem erledigten Projekt freier und klarer machen.

Gewöhne dir an, all das sofort zu erledigen, damit sich deine gesamte Energie auf die Umsetzung deiner Ziele konzentrieren kann. Beginne noch heute mit dem ersten Schritt!

 Affirmation Tag 1

Ab heute werde ich dir jeden Tag eine Affirmation geben, die du innerlich über den Tag in deinem Inneren bewegst. Affirmation bedeutet so viel wie „Bejahung, Bestätigung". Und genau darum geht es. Sag sie dir bitte so oft, wie du kannst, innerlich vor. Die Affirmation soll damit in dein Unbewusstes sickern, sodass sie dein Handeln und Denken positiv beeinflusst. Vielleicht magst du sie dir notieren, oder dich — wie oben beschrieben — über das Handy regelmäßig erinnern lassen. Wichtig ist, dass du dich mit den Affirmationen auch wirklich verbindest und ihnen nachspürst, um das darin Formulierte wirklich für dich zu wählen. Bekomme ein Gefühl dafür, was es für dich bedeutet, das zu deiner Realität zu machen. Also: nicht denken, sondern FÜHLEN!

 Deine heutige Affirmation

> *„Ich bin willens, mich zu ändern.*
> *Und ich beginne heute mit dem ersten Schritt."*

Deine Abend-Meditation

Diese Woche beginnen wir mit der Basis-Meditation. Die werden wir in den nächsten sieben Tagen immer mal abändern, um Inhalte der Tagesübungen weiter zu vertiefen. Der Fokus der Meditation liegt in dieser Woche darin, deinen Geist zu beruhigen, beunruhigende Gedanken wahrzunehmen und zu lernen, sie vorbeiziehen zu lassen. Ziel dieser Woche soll sein, nicht auf negative Gedanken einzugehen und daraus Filme im Kopf zu machen. Sondern die Gedanken ganz neutral ohne jede Bewertung zu beobachten und weiterziehen zu lassen. Ich möchte, dass du lernst, aus dir selbst heraus Momente der Ruhe zu erzeugen.

Also fangen wir an:

➤ Schalte alle Störquellen aus. Komm in eine entspannte Haltung, schließe deine Augen beginne, dich selbst zu fühlen. Nun konzentriere dich auf deinen Atem und setze dich mit geraden Rücken aufrecht hin.

➤ Atme ganz normal und spüre, was der Atem in deinem Körper macht. Nimm für einen Moment wahr, wie du ein- und ausatmest und lass dich von deinem Atem in dein Inneres tragen.

➤ Wenn innerlich Beunruhigung entsteht, beginne heut Abend damit, jeden Gedanken, der kommt, auf eine Wolke zu setzen und vorüberziehen zu lassen. Beobachte deine Gedanken, ohne dich auf sie einzulassen oder irgendetwas mit ihnen zu machen. Bleib neutraler Beobachter. Betrachte die Gedanken, ohne sie zu bewerten und lass sie los. Sage dir dabei innerlich für etwa eine Minute:

- ○ Gedanken kommen — (atme ein).
- ○ Gedenken gehen — (atme aus).
- ○ Versuche, dabei die Momente von Gedankenfrei-heit wahrzunehmen und auszudehnen.
- ○ Dehne die Stille in dir immer mehr aus.
- ○ Erst, wenn du Ruhe in dir spürst, gehst du weiter zum nächsten Schritt.

➤ Der nächste Schritt besteht darin, dir nun etwa fünf Mi-nuten folgendes zu sagen: „Ich bin willens, mich zu än-dern."

➤ Dann nimm über den Atem Kontakt zu deinem Körper auf und komme wieder mit deiner Aufmerksamkeit in das Hier und Jetzt zurück.

Extra-Tipp für Meditations-Einsteiger

Wenn du dich auf deinen Atem konzentrierst, versuche zu spüren, wo du den Atem gerade fühlen kannst. Vielleicht spürst du, wie dein Brustkorb sich hebt und wieder senkt oder wie beim Einatmen kühle Luft einströmt und warme Luft beim Ausatmen deinen Körper verlässt. Spüre, wo und wie du den Atem wahrnimmst.

Wenn deine Gedanken heute immer wieder mal abschweifen, ist das vollkommen in Ordnung und ganz normal. Nimm es einfach nur achtsam wahr und komme mit dem nächsten Atemzug mit deiner Aufmerksamkeit in deinem Körper an und folge wieder deinem Atem. Die Gedanken zu beruhigen, bedarf etwas Übung, Zeit und noch mehr Geduld. Dennoch ist es der Schlüssel zu deinem in dir wohnenden Potenzial und deinem Bewusstsein.

Tag 2: Love it, leave it or change it

Am zweiten Tag arbeiten wir an deinem allgemeinen Mindset weiter. Du brennst vielleicht schon darauf, endlich dein Ziel ins Auge zu fassen. Doch es ist erst einmal wichtig, dort hinzuschauen, wo noch Blockaden sind. Die gestrige Übung hat dir vielleicht schon einen groben Überblick darüber verschafft, in welchen Bereichen du noch nicht da bist, wo du hinwillst. Heute möchte ich, dass du einen Schritt weitergehst. Du beginnst, noch tiefer zu graben und machst dir bewusst, welche Gedanken und Ansichten dich noch daran hindern, deine Ziele zu erreichen.

Du wirst heute folgende Fragen für dich beantworten: Was magst du nicht mehr in deinem Leben? Was nervt dich im Moment? Was möchtest du verändern? Und was liebst du an deinem Leben?

Ungeliebte Situationen und Menschen

Prinzipiell hast du im Leben genau diese drei Möglichkeiten, um mit ungeliebten Situationen und Menschen umzugehen: Love it — leave it — change it.

Das bedeutet:

> Du kannst eine Situation im Leben annehmen, sie lieben, wie sie nun einmal ist — und deine Ansicht darauf verändern.

> Oder die Situation beenden, indem du sie verlässt, da es nicht in deiner Macht liegt, etwas zu ändern.

> Oder du veränderst die derzeitige Situation, indem du dich fragst, was noch anderes möglich wäre — etwas, an das du vielleicht bis jetzt noch gar nicht gedacht hast.

Wir zäumen sozusagen das Pferd von hinten auf, um deiner Zielerreichung näher zu kommen. Für viele ist es nämlich erst einmal leichter zu sagen, was sie nicht mehr wollen, als das zu benennen, was sie sich wünschen.

Wir suchen also zunächst einmal nach dem, was dich in deinem Leben nervt, was du nicht mehr möchtest. Und erkennen darüber vielleicht, ob das Gegenteil davon dem nahe käme, was du dir wünschst. Ein tolles Experiment, das du unbedingt weiterführen solltest, um dich immer mehr mit deiner inneren Ausrichtung zu verbinden.

Übung 1, Tag 2

Nimm dir für die unten gestellten Fragen etwa 15 Minuten Zeit, um sie konzentriert zu bearbeiten.

Richte dir in deinem Notizbuch bitte drei verschiedene Seiten für diese Übung ein, gib also jeder der unten genannten Fragen eine Seite.

Dann ziehe in der Mitte des Blattes einen Strich von oben nach unten. Notiere dir so auf Seite 1 in der linken Spalte, was du verändern möchtest und lasse die rechte Spalte auf der ersten Seite erst einmal frei. Dazu kommen wir dann morgen noch.

Dann beginne damit, einfach mal alles, was dich im Moment nervt oder was du sofort beenden möchtest, in jeweils die linke Spalte des Blatts zu schreiben. Auf die zweite Seite in die linke Spalte schreibst du, was du so nicht mehr weiterleben und sofort beenden möchtest, da es dich und dein Leben nachhaltig stoppt und Energie zieht. Und auf die dritte Seite schreibst du, was du von ganzem Herzen in deinem Leben liebst. Das können Menschen, Situationen, dein Umfeld, Umstände, Dinge, die du an dir verändern möchtest oder etwas ganz anderes sein.

Die Zeitspanne für die Übung ist deswegen so konzentriert gewählt, damit du ganz spontan und unmittelbar antwortest, ohne die Antworten vorher mit deinem Verstand abzuwägen.

Mach dir keine Sorge, dass du etwas vergessen könntest — du kannst im Verlauf des Tages jederzeit noch etwas ergänzen. Notiere einfach alles gemäß der unten stehenden Anweisungen.

1. Seite: Was du verändern möchtest, weil es dich nervt, ärgert oder runterzieht („change it")

_____

_____

_____

2. Seite: Was du sofort verlassen möchtest, da es nicht in deiner Macht steht, es zu ändern („leave it").

_____

_____

_____

3. Seite: Und was du an deinem Leben im Moment von Herzen liebst („love it").

_____

_____

_____

Vielleicht kannst du hier schon einen Trend erkennen: Was sind die Themen, bei denen du etwas verändern oder verlassen möchtest? Versuch doch mal, die Probleme schriftlich zusammenzufassen, die sich ähneln. Bitte limitiere dich nicht bei dieser Übung, „zerdenke" deine Punkte nicht und bewerte sie nicht schon jetzt! Mache die Übung mit deinem Herzen. Beginne, die leisen Töne in dir wahrzunehmen.

Deine heutige Affirmation

„Ich bin bereit, alles loszulassen,
was mich daran hindert,
Vertrauen in den Gedanken zu haben,
dass das Leben mich mit allem beschenkt,
was ich brauche."

Die Einführungs-Meditation

Bitte verwende für heute die Meditation, die du gestern gelernt hast. Im Anschluss daran nimm dir Zeit, dich für all das im Leben zu bedanken, was du bereits alles liebst.

Meditation

➤ Schalte alle Störquellen aus. Komm in eine entspannte Haltung, schließe deine Augen beginne, dich selbst zu fühlen. Nun konzentriere dich auf deinen Atem und setze dich mit geraden Rücken aufrecht hin.

➤ Atme ganz normal und spüre, was der Atem in deinem Körper macht. Nimm für einen Moment wahr, wie du ein- und ausatmest und lass dich von deinem Atem in dein Inneres tragen.

➤ Beobachte deine Gedanken, ohne dich auf sie einzulassen oder irgendetwas mit ihnen zu machen. Bleib neutraler Beobachter. Betrachte die Gedanken, ohne sie zu bewerten und lass sie los. Sage dir dabei innerlich für etwa eine Minute:

  ○ Gedanken kommen — (atme ein)

  ○ Gedenken gehen — (atme aus)

  ○ Versuche dabei die Momente von Gedankenfreiheit wahrzunehmen und auszudehnen

Nimm dir nach der Meditation in dieser entspannten Haltung Zeit und schau dir genau an, was du von ganzem Herzen in deinem Leben liebst. Schließe dann noch einmal für einen Moment die Augen und spüre die Dankbarkeit in dir über all die Dinge, die du liebst. Danke dem Universum für jeden einzelnen Punkt, den du dir im Lauf des Tages aufgeschrieben hast: „Ich danke dir, liebes Universum, für ... das was ich liebe (zähle hier alles auf, was du liebst)."

Verbleibe so einfach mal für etwa fünf Minuten, in denen du die Abstände der Gedankenfreiheit wahrzunehmen und auszudehnen versuchst. Bleibe im Anschluss daran in der Dankbarkeit gegenüber all den Dingen, die du liebst. Lerne so, deinen Verstand besser zu lenken und zu steuern.

Wichtig ist, dass du in dir wirklich tiefe Dankbarkeit über das spürst, was du bereits hast. Damit schaffst du das Resonanzfeld, um mehr von dem zu erzeugen, was du liebst. Für etwas dankbar zu sein, erzeugt besonders große Anziehungskraft und lässt dein Energieniveau steigen.

Extra-Tipp für Meditations-Einsteiger

Falls du diese Woche zum ersten Mal meditieren solltest, ist es vollkommen in Ordnung, ausschließlich die Basis-Meditation dieser Woche zu üben. Dann lass die oben beschriebene Dankbarkeitsübung einfach aus und übe dich weiter darin, nicht deinen Gedanken zu folgen, sondern sie vorbeiziehen zu lassen.

Tag 3: Wie wünschst du dir dein Leben?

Stell dir vor, es wäre in deinem Leben alles möglich und du könntest dir ohne irgendwelche Einschränkungen etwas wünschen — was würdest du heute, jetzt und hier wählen?

Ich möchte, dass du beginnst, größer zu denken, um deinen optimalen Zustand vom Leben in deinem Inneren entstehen zu lassen. Stell dir vor, du würdest eine Vision von dem entwickeln, was du dir wünschst. Denn eine Vision ist keine Vorahnung von dem, was in der Zukunft sein wird, sondern ein Bewusstsein für das, was jetzt schon für dich wirklich möglich ist. Eine Vision, die du in dir spürst, ist die Auswirkung deines inneren Potenzials. Es ist das Potenzial, das du jetzt schon hast.

Wenn du dich also von deiner Vision abschneidest, kannst du deine Bestimmung im Leben nicht erfüllen. Wenn du dich von dem abtrennst, was von deinem Inneren gelebt werden möchte, spürst du einen Mangel in Sachen Geld, Gesundheit, Beruf oder in deiner Beziehung. Das sind dann die Symptome der Ab-Trennung von deinem inneren Potenzial. Natürlich versuchen viele Menschen, diese Probleme zu lösen, indem sie an den Symptomen arbeiten. Doch das Einzige, was wirklich hilft, ist, die Ursache zu ändern — nämlich deine Vision in allen Bereichen zu leben.

Gib dir die Erlaubnis, zu wollen, was du willst!

Das Leben hält nichts vor uns zurück — aber wir halten uns vor dem Leben zurück, wenn wir nicht unseren Visionen folgen.

Wir geben uns viel zu selten die Erlaubnis dazu, das zu wollen, was wir wirklich wollen. Die meisten von uns sind viel zu bescheiden, wenn es um ihre eigenen Wünsche geht. Doch das Universum wartet nur darauf, dir mit allem zu dienen, was du benötigst. Du musst einfach nur bereit sein, die Erfüllung deiner Wünsche einzufordern und außerdem, sie dann auch zu empfangen. Das Universum möchte, dass es jedem von uns gut geht und jeder hat die Erlaubnis, in allen Bereichen alles zu wählen. Es geht nicht darum, mehr Besitz zu haben, sondern darum, einen ständig wachsenden Besitz von dir selbst zu erlangen, um dein Leben nach deiner Vorstellung zu formen.

Wenn du dir bisher nicht erlaubt hast, deinen Wünschen nachzugehen, oder du noch nicht mal eine Ahnung hast, was du überhaupt vom Leben fordern möchtest, kann die folgende Übung sehr wertvoll für dich sein. Wenn du deine Vision vom Leben hingegen schon klar vor Augen hast — super! Dann kannst du direkt zur zweiten Übung dieses Tages übergehen.

Übung 1, Tag 3

(Diese Übung bitte nur dann machen, wenn du noch keinen klaren Wunsch von deinem Leben formulieren kannst, den du erreichen möchtest.)

Das Gegenteil von dem, was jetzt ist — ist das vielleicht das, was sein soll? Nimm bitte deine Aufzeichnungen von gestern (du erinnerst dich: „love it — leave it — change it") zur Hand.

Du hast ja die rechte Spalte auf jeder Seite leer gelassen. Heute möchte ich, dass du auf den beiden Seiten „leave it" und „change it" bei jedem Punkt notierst, was du nicht mehr haben und verändern möchtest. Du formulierst sozusagen alles ins Gegenteil um.

Beginne zunächst mit der „Change-it-Seite". Wenn du zum Beispiel in der linken Spalte stehen hast:

„Ich hasse die Monotonie in meiner Arbeit", wäre das Gegenteil davon so etwas wie: „Ich habe eine abwechslungsreiche Aufgabe, die mir Freude bereitet." Das schreibst du dann in die rechte Spalte.

Formuliere das Gegenteil von dem, was du verändern möchtest, stets positiv und in der Gegenwart. Werte es erst einmal nicht, sondern wandle die einzelnen Punkte einfach nur ins Gegenteil um. Verwende keine Formulierungen wie: "Ich mag keine Monotonie mehr in meinem Job", sondern beschreibe es in positiver Form. Finde das, was du möchtest und was dir innerlich ein gutes Gefühl gibt. Das ist es, was deinem Wunsch vom Leben meist schon sehr nahekommt.

Dasselbe tust du mit der „leave-it-Seite", auf der du Dinge notiert hast, die du sofort verlassen möchtest, weil sie nicht änderbar sind. Schreibe auch hier in die rechte Spalte, was das jeweilige Gegenteil von deinen Punkten wäre.

Wenn in der Spalte der Dinge, die du verlassen willst: „Ich möchte meinen Job kündigen" steht, könnte das Gegenteil sein: „Ich finde eine neue Aufgabe, die mir ... (zum Beispiel mehr Freude bereitet.)".

Diese Formulierungen des Gegenteils sind die Wünsche, nach deren Verwirklichung sich deine Seele sehnt! Das Unglücklichsein, das du in dir spürst, ist ein Ausdruck deiner Seele, um dir zu sagen, dass du etwas ändern sollst. Über die Erfahrung des Negativen spüren wir unsere wahren Wünsche. Über das, was wir nicht mehr wollen, können wir klarer unsere Wünsche formulieren und sie wählen.

Formuliere jetzt bitte je einen Wunsch aus deinen Listen „change it" und „leave it", den du in den nächsten 12 Monaten (oder fünf Jahren, bei großen Zielen) erreichen möchtest. Diese Wünsche sollten dir wirklich ein gutes Gefühl geben, wenn du dir vorstellst, sie schon erreicht zu haben.

Suche dir dann einen der Punkte heraus, an dem du jetzt mit Hilfe dieses Programms weiterarbeiten möchtest.

Übung 2, Tag 3

Was ist dein derzeitiger Wunsch?

Notiere dir, was du gern beruflich wie privat in den nächsten Monaten oder Jahren erreichen möchtest. Such dir ein Thema aus, an dem du in den nächsten 25 Tagen arbeiten möchtest.

Formuliere deinen Wunsch dabei so, dass er spezifisch, in der Gegenwart formuliert, mit einem positiven Gefühl, so konkret wie möglich und zeitlich terminiert ist. Das Allerwichtigste dabei ist, dass der Gedanke an das Erreichen des Wunsches vor allem ein positives Gefühl in dir auslöst.

Zum Beispiel: „Nächstes Jahr im Sommer arbeite ich selbstständig als Grafikerin und habe so viele Kunden, dass ich mir alles leisten kann, was ich mir wünsche. Die Kreativität meiner Arbeiten macht mich überregional bekannt, sodass selbst große Unternehmen auf mich aufmerksam werden und mich buchen."

Spüre nun einmal in dich hinein und frage dich, was dich aus tiefstem Herzen erfüllen würde. Was wünschst du dir im Leben? Mach deinen Wunsch richtig groß. Leg ruhig noch eine Schippe obendrauf. Es soll ein Gefühl in dir entstehen von: „Ja, genau so wäre es vollkommen und perfekt. Das ist es, was ich will!" An diesem Punkt ist es erst einmal egal, wie realistisch das momentan ist.

Das Wichtigste ist, dass du für deinen Wunsch brennst und dass du es wirklich, wirklich willst. Dein Ziel sollte dich beflügeln.

Du solltest dabei an einem Punkt angekommen sein, an dem du sagst: „So kann und will ich nicht mehr weiterleben. Etwas muss sich jetzt ändern, damit ich wieder Freude und Zufriedenheit in meinem Leben empfinde." Du musst bereit für Veränderungen sein und deine lieb gewonnene Komfortzone für deinen Wunsch verlassen wollen.

Stell dir vor, wie du dich fühlen würdest, wenn du dein Ziel schon erreicht hast.

Bitte nutze dazu die SEIN-FÜHLEN-TUN-HABEN-Formel:

> Wer würdest du dann sein?

> Wie würdest du dich fühlen?

> Was würdest du tun?

> Was hättest du dann stattdessen in deinem Leben?

Beispiel

SEIN   Ich arbeite erfolgreich selbstständig.

(Bild: Ich stehe nachmittags nach erfolgreich erledigter Arbeit von meinem Schreibtisch auf und werfe noch einen letzten Blick auf meinen Kalender, der schon über Wochen im Voraus voller Termine ist.)

FÜHLEN   Es erfüllt mich mit Stolz, die Früchte meiner Arbeit zu betrachten.

(Bild: Ich gehe durch die Stadt und sehe die von mir entworfene Grafik auf dem Bus eines namenhaften Unternehmens, das die Kampagne deutschlandweit gelaunched hat.)

TUN   Ich entwickle ein einzigartiges Produkt, das große Resonanz findet und mich überregional bekannt macht.

(Bild: Ich schaue in mein volles Auftragsbuch und überlege, wie ich über zusätzliches Personal die Kapazitäten erhöhen kann, um die Nachfrage zu decken.)

HABEN   Mein Business wirft genügend Geld ab, um ein Haus mit Garten zu finanzieren.

(Bild: Meine Bank ermöglicht mir gerade die Finanzierung, sodass ich in der Lage sein werde, mein Traumhaus zu kaufen. Ich sehe, wie das Geld, das ich brauche, durch meine Aufträge zu mir fließt.)

Formuliere auf diese Art in deinem Notizbuch deinen beruflichen, finanziellen oder privaten Wunsch für die nächsten ein bis fünf Jahre:

_____

_____

_____

Frage dich dann:

➢ Beflügelt mich dieses Ziel?

➢ Zaubert es mir ein Lächeln ins Gesicht?

Nimm dir einen Moment Zeit und sieh dich selbst in deinem Wunsch-Bild herumlaufen. Wie fühlt sich dein Leben dort an? Spüre deine Haltung, deine Gedanken. Was tust du? Wer ist bei dir? Was wird dadurch für dich möglich? Welchen Mehrwert erlebst du dadurch in deinem Leben?

 ## Die Affirmationen für Tag 3

> *„Ich lebe die beste Version meines Lebens."*

> *„Ich gebe mich voller Vertrauen dem Fluss des Lebens hin und lasse alle Ansichten darüber, wie die Dinge sich zeigen und zu mir kommen, los. Ich weiß, dass mich stets Gutes erwartet, wohin ich auch gehe."*

Übung am Morgen

Ich bitte dich, dir ab heute jeden Morgen Zeit zu nehmen, um dich mit deinem Wunsch zu verbinden. Schreibe dir deinen Wunsch dreimal in dein Notizbuch. Es sollte immer der gleiche Wunsch sein, den du aber im Lauf der Zeit immer wieder verfeinern kannst. Bei dem inneren Bild, das du in dir erzeugst, geht es weniger darum, zu wissen oder festzulegen, wie es passieren wird, sondern mehr darum, ein Gefühl davon zu entwickeln, wie es sich für dich anfühlt, wenn der Wunsch erfüllt ist.

Das Aufschreiben deines Wunsches hat eine ganz andere Qualität, als ihn nur in deinem Inneren zu belassen. Denn das ist bereits der erste Schritt, um den Wunsch in die Materie zu bringen und ihn damit zu manifestieren. Mit den aufgeschriebenen Worten machst du ihn real und greifbar. Wenn du einen Widerstand während des Schreibens spürst, wenn vielleicht Einwände hochkommen, sag dir: „Ich lasse jetzt alles los, was mich davon abhält, mein Ziel zu erreichen. Ich bin bereit, alles Nötige zum Erreichen meines Ziels zu tun."

Einführungs-Meditation

Nimm dir bitte zehn Minuten für deine Meditation vor dem Schlafengehen Zeit. Schalte alle Störquellen aus. Komm in eine entspannte Haltung, schließe deine Augen beginne, dich selbst zu fühlen. Nun konzentriere dich auf deinen Atem und setze dich mit geraden Rücken aufrecht hin.

Atme ganz normal und spüre, was der Atem in deinem Körper macht. Nimm für einen Moment wahr, wie du ein- und ausatmest und lass dich von deinem Atem in dein Inneres tragen.

Beobachte deine Gedanken ohne dich auf sie einzulassen oder irgendetwas mit ihnen zu machen. Bleib neutraler Beobachter. Betrachte die Gedanken ohne sie zu bewerten und lass sie los. Sage dir dabei innerlich etwa eine Minute lang:

➢ Gedanken kommen – (atme ein).

➢ Gedenken gehen – (atme aus).

➢ Versuche, dabei die Momente von Gedankenfreiheit wahrzunehmen und auszudehnen.

Wenn du Ruhe in dir spürst, stell dir für einen Moment deinen Wunsch vor. Bitte lass deinen Wunsch in deinem Inneren entstehen und sieh dich selbst darin. Spüre, wie es sich für dich anfühlt. Sei jetzt schon dankbar, so, als wäre er bereits deine Realität.

Tag 4: Angst vor der Wunsch-Realisierung?

Erfolgreich deinen Wunsch verwirklichen zu können, besteht zu 10 Prozent aus strategischen Handlungen und zu 90 Prozent aus deinem Mindset, deinen Gedanken, deiner Einstellung, deinem Sein und deinen Gewohnheiten. Du musst an deiner Einstellung zur Fülle arbeiten, um zu verstehen, dass du es verdienst und bereits alles in dir hast, um in jedem Lebensbereich mehr zu bekommen, als du benötigst.

Was hält dich ab?

Heute möchte ich, dass du dir bewusst machst, was dich im Moment noch davon abhält, deinen Wunsch zu realisieren. Damit du dich nicht durch negative Gedankenbrücken stoppst, möchte ich, dass du dir deine Einwände klarmachst.

Und, ja: Wenn wir uns mit unseren Ängsten und Einwänden beschäftigen, wird das erst einmal unbequem, weil es uns klarmacht, dass wir uns ändern, bewegen und neu ausrichten müssen. Das bedeutet, den Autopiloten auf die neue Realität zu programmieren. Denn mit den alten Ansichten und Schlussfolgerungen hältst du dich nur weiter in der alten Realität gefangen:

„Ich kann x nicht, weil y!" Das ist die Geschichte, die du dir dann meistens erzählst und die alles zum Erliegen bringt.

Übung 1, Tag 4

Sprich deinen Wunsch ein paar Mal laut aus und stell ihn dir dabei so bildhaft vor, als hättest du ihn schon erreicht. Nimm alle auftauchenden Einwände, Ängste, Zweifel, Bedenken und Widerstände, die dich noch bremsen, deutlich wahr.

Nimm sie an, ohne sie zu bewerten und notiere dann alle Einwände. Das können Erinnerungen, Bilder, Erfahrungen, Gefühle oder Körperwahrnehmungen („wie ein Stein im Magen") sein.

Sei hier bitte ganz ehrlich und notiere wirklich alles, was dir dazu einfällt. Erst, wenn deine Ängste einmal ans Licht gebracht sind, kannst du sie loslassen und ersetzen — dies ist dein inneres Erwachen in Bezug auf deinen Wunsch.

Vielleicht kommen Einwände hoch wie:

„Ich kann das nicht, weil ich nicht gut genug bin und/oder zu wenig weiß."

„Ich habe im Moment keine Zeit, weil ich noch so viele offene Projekte habe."

„Ich kann das nicht, weil ich zu wenig finanzielle Mittel zur Verfügung habe, um ..."

Ich kann das nicht, weil ...

_____

_____

_____

_____

Morgen lernst du zwei Übungen kennen, wie du deine Einwände und Glaubenssätze über dich auflösen kannst.

Deine Affirmation für heute

> *„Ich lasse alle Ängste und Einwände los, die meinem*
> *Wunsch entgegenstehen, den nächsten Schritt zu gehen."*

Morgen-Übung

Gib deinem Wunsch die nötige Power, um im Alltag zu überleben. Schreib dir ab heute jeden Morgen deine Ziele dreimal auf. Vielleicht nach dem Aufstehen, während du früh-
stückst oder mit deiner Arbeit beginnst. Damit gibst du deinem Unbewussten die Möglichkeit, dich auf etwas Neues
auszurichten und sage danach: „Ich lasse jetzt alles los, was
mich davon abhält, mein Ziel zu erreichen. Ich bin bereit,
alles Nötige zum Erreichen meines Ziels zu tun".

Einführungs-Meditation

Nimm dir bitte zehn Minuten für deine Meditation vor dem
Schlafengehen Zeit. Verwende bitte die Einführungs-Meditation von Tag 3. Versuch dabei, die Momente von Gedankenfreiheit wahrzunehmen und auszudehnen.

Wenn du Ruhe in dir spürst, stell dir für einen Moment deinen Wunsch vor. Bitte lass deinen Wunsch in deinem Inneren
entstehen und sieh dich selbst darin, spüre, wie er sich für
dich anfühlt. Sei jetzt schon dankbar — so, als wäre er bereits deine Realität.

Tag 5: Einwände und Blockaden loslassen

Deine Blockaden und Einwände erst einmal zu kennen, ist eine Grundvoraussetzung, um in deinem Leben voranzukommen und deine Ziele zu erreichen. Erst, wenn du das Dunkel in dir kennst, bist du in der Lage, persönlich wie beruflich zu wachsen und dich weiterzuentwickeln. Wenn du es verstanden hast, diese dunkle und versteckte Seite in dir zu integrieren, bist du in der Lage, deine alten und unbewussten Muster zu stoppen, dann hörst du auf, weiter im Hamsterrad zu laufen oder weiter mit angezogener Handbremse durch dein Leben zu gehen. Die Wahrheit ist: All dein Tun wird durch deine unbewussten Muster im Guten wie im Schlechten beeinflusst. Das könnte sein:

➢ Ein Mangel an Klarheit im Blick auf das, was dir fehlt und was du brauchst

➢ die Unfähigkeit, Dinge zu beginnen oder zu beenden

➢ ein Gefühl des Ausgebranntseins

➢ mangelnde Fokussierung

➢ das Gefühl, in einem Hamsterrad gefangen zu sein

➢ der fehlende Mut, dir selbst und deinen Wünschen Ausdruck zu verleihen.

Ich möchte dir dabei helfen, genau diese unbewussten Muster zu durchbrechen, um dich für den energetischen Fluss deines Wunsches zu öffnen. Ich zeige dir heute zwei unterschiedliche Wege, um deine Blockaden, Einwände und unbewussten Muster ein für alle Mal hinter dir zu lassen. Es gibt natürlich noch mehr Wege, aber ich habe zwei sehr effektive gefunden, mit denen ich mich selbst und auch meine Klienten nachhaltig von alten, nicht förderlichen Glaubenssätzen trennen kann. Das Wichtigste ist an diesen unterschiedlichen

Herangehensweisen, dass du beide für dich allein zu Hause anwenden kannst.

Weg 1: Die Klopfakupressur

Zum einen kann ich dir eine Meridian-Klopfakupressur ans Herz legen, um alte, festgefahrene Energie wieder zum Fließen zu bringen. Die Klopfakupressur geht davon aus, dass jede belastende Emotion direkt mit einer Blockade im Energiesystem des Körpers zusammenhängt.

Durch sanfte Klopfakupressur mit den Fingern auf den Meridianpunkten, die die chinesische Medizin schon seit Jahrhunderten kennt, können die im Körper festsitzenden Blockaden energetisch neutralisiert werden. Hierbei werden insgesamt 17 Meridiane nacheinander „beklopft", während du dich gleichzeitig auf das, was dich blockiert, konzentrierst. So wird dein Energiesystem im Körper von Blockaden befreit und die Energie kann durch die betroffenen Meridiane wieder frei fließen. So verschwindet auch der negative, emotionale Druck, der dich davon abhält, deine Ziele zu erreichen. Die Klopfakupressur hat sich für mich und meine Klienten als eine besonders effektive Methode herausgestellt, um alte Muster zu überarbeiten und zu lösen.

Kostenloser Einführungskurs per Video

Für den Fall, dass du herausfinden möchtest, ob die Meridian-Klopfakupressur eine für dich geeignete Methode ist, stelle ich dir einen kostenfreien Einführungskurs zur Verfügung, in dem ich dir in Form von Videos und schriftlicher Anleitung alles Nötige an die Hand gebe. Melde dich hierfür einfach unter **www.kubigcoaching.de/träumewerdenwahr** an und erfahre selbst, ob die Klopfakupressur auch ein Weg für dich sein kann. Nimm dir in diesem Fall deine Einwände zur Hand und beklopfe diese, wie im Video beschrieben.

Weg 2: Die fünf Fragen, die alles verändern

Durch Fragen kannst du dich am schnellsten für neue Möglichkeiten in deinem Leben öffnen. Denn Fragen weichen deine alten Ansichten auf und zeigen dir neue Wege. Durch Fragen kommst du aus den alten Schlussfolgerungen, Ansichten und Geschichten heraus. Du gibst deinem Verstand eine Aufgabe, die er zu lösen versucht und hältst ihn davon ab, dir weiter alte Geschichten zu erzählen. Probiere es einmal aus!

Beantworte dafür die folgenden fünf Fragen aus deinem Herzen heraus:

➤ Was kann ich anderes DENKEN, um mein Ziel zu erreichen?

➤ Was kann ich anderes FÜHLEN, um mein Ziel zu erreichen?

➤ Was kann ich anderes SEIN, um mein Ziel zu erreichen?

➤ Was kann ich anderes TUN, um mein Ziel zu erreichen?

➤ Was kann ich anderes HABEN, wenn mein Ziel erreicht ist?

Beispiele

Was kann ich anderes DENKEN, um mein Ziel zu erreichen?

Beispiel: Ich habe bereits alles, was ich brauche, um erfolgreich selbstständig zu sein.

Was kann ich anderes FÜHLEN, um mein Ziel zu erreichen?

Beispiel: Ich fühle Freude dabei, meiner Kreativität freien Lauf zu lassen.

Was kann ich anderes SEIN, um mein Ziel zu erreichen?

Beispiel: Ich bin eine erfolgreiche, kreative Unternehmerin, die stets am Puls der Zeit ist und dadurch immer eine Nasenlänge anderen voraus ist.

Was kann ich anderes TUN, um mein Ziel zu erreichen?

Beispiel: Ich stelle jemanden für die Buchhaltung ein, der mir Arbeit abnimmt.

Was kann ich anderes HABEN, wenn ich mein Ziel erreicht habe?

Beispiel: Ich hätte dann den Freiraum, kreativ mein Produkt weiter zu entwickeln. Oder: Ich hätte endlich Zeit, um mir neue Inspirationen für meine Kreativität durch Auszeiten – beispielsweise auf internationalen Messen – zu holen.

 Deine Affirmation für heute

> *„Ich denke und fühle bereits jetzt das, was der Energie meines Wunsches entspricht.“*

Morgen-Übung

Schreibe dir deinen Wunsch dreimal in dein Buch.

Wenn du einen Widerstand dabei spürst, sage dir: „Ich lasse jetzt alles los, was mich davon abhält, mein Ziel zu erreichen. Ich bin bereit, alles für mein Ziel zu tun"

Meditation

Nimm dir bitte zehn Minuten für deine Meditation vor dem Schlafengehen Zeit. Versuch dabei, die Momente von Gedankenfreiheit wahrzunehmen und auszudehnen.

Wenn du Ruhe in dir spürst, stell dir für einen Moment deinen Wunsch vor. Lass deinen Wunsch in deinem Inneren entstehen und sieh dich selbst darin, spüre, wie es sich für dich anfühlt.

Sei jetzt schon dankbar, so, als wäre dein Wunsch bereits Realität.

Tag 6: Wie du dein Mindset auf Fülle einstellst

Eigentlich würde das Thema Geld ein ganzes Buch füllen. Darum habe ich mich entschlossen, dem Geld jede Woche einen Tag zu widmen. Denn Geld hat in den meisten Fällen einen großen Einfluss auf die Realisierung deines Wunsches und hängt oft unmittelbar mit deiner Zielerreichung zusammen. Aus diesem Grund kümmern wir uns heute auch ganz speziell um deine Einstellung zum Geld. Denn in den meisten Fällen brauchst du Geld, um deinen Wunsch zu realisieren. Das ist leider nach wie vor eine unserer größten Limitierungen, wenn es darum geht, unsere Ziele zu erreichen.

Erkennst DU all die Möglichkeiten, die das Leben für dich bereithält und erlaubst du dir, diese auch zu empfangen?

Oder läufst du eher an deinen Möglichkeiten vorbei? Wenn dein Mindset nicht auf die Möglichkeiten hin ausgerichtet ist, in Fülle und Wohlstand zu leben, wirst du sie nicht sehen oder als Unsicherheiten einstufen, die dir Angst machen.

Im Universum ist alles vorhanden. Doch nur, wenn dein Inneres darauf programmiert ist, die Möglichkeiten zu sehen, kannst du sie auch empfangen. Je weniger Ansichten und Meinungen du über Geld hast, desto mehr wirst du neue Wege sehen, Geld zu empfangen. Wenn ich dich jetzt frage: „Wieso verdienst du nicht mehr Geld mit dem, was du im Moment machst?", werden all die Ansichten hochkommen, die dich limitieren und dort halten, wo du jetzt noch bist.

Vielleicht bist du der Ansicht:

➢ „In meiner Branche verdient man eben nicht mehr, weil ..."

➢ „Ich kann nicht mehr Geld verdienen, weil mir die Ausbildung fehlt."

➢ „Ich kann nicht mehr Geld verdienen, weil andere die besseren Netzwerke haben."

➢ „Ich kann nicht mehr Geld verdienen, weil es schon zu viele in meiner Branche gibt."

➢ „Ich kann mir kein Haus leisten, weil es zu wenige gibt und die wenigen extrem teuer sind."

➢ "Ich weiß, dass mir mein Chef nicht mehr Geld bezahlen wird, weil ..."

➢ "Es gibt zu wenig Kunden, die sich für mein Produkt interessieren, weil ..."

Ganz ehrlich, Hand aufs Herz: Ist das alles wirklich wahr? Woher willst du das eigentlich wissen? Du musst nicht wissen, wie Geld verdienen funktioniert und wie es zu dir kommt — du wählst es!

Mach Geld zu einem Teil von dir, den du verdient hast. Geld hängt unmittelbar mit deinem Selbstwert zusammen und mit dem, wie du der Welt und den Menschen dienst. Es ist ein energetisches Geben und Nehmen auf Augenhöhe. Du kannst nichts bekommen, wenn du vorher nichts investiert hast. Doch darüber wirst du später mehr erfahren.

Übung 1, Tag 6

Dein Geldmagnet zu finanzieller Freiheit und Wohlstand

Ist dir schon einmal aufgefallen, dass Menschen mit Geld immer einen Betrag von ein paar hundert Euro in bar mit sich im Geldbeutel herumtragen? Das tun sie, weil es sie das Gefühl von Reichtum und Freiheit spüren lässt, was wiederum mehr davon anzieht. Sie haben Freude an Geld.

Fang an, Geld zu besitzen!

Wenn auch du mehr Geld in dein Leben ziehen möchtest, fang an, Geld zu besitzen. Du fragst dich jetzt bestimmt, wie du das machen sollst. Es reicht ja jetzt schon hinten und vorne nicht, um dir mal was Schönes zu leisten — und jetzt auch noch sparen? Ja, genau! Das geht sogar ganz einfach:

Sammle ab heute JEDEN Fünfeuroschein, sobald du ihn bekommst.

Spare dieses Geld in einem Glas, einer Schale oder Vase und stell das Behältnis dorthin, wo du es gut sehen kannst. Und ganz wichtig: Gib dieses Geld NIEMALS aus! Du wirst erstaunt darüber sein, wie schnell du einen beachtlichen Betrag anhäufen kannst und wie viel Freude dir der Anblick bereiten wird. Es macht so viel Spaß, Geld zu besitzen und damit kannst du schon mal üben. Ich freue mich immer, wenn ich wieder einen Fünfeuroschein bekomme, weil ich weiß, dass mich jeder Schein wohlhabender werden lässt.

Und das Beste ist: Du förderst damit dein Geldbewusstsein und bekommst ein Gefühl dafür, wie es ist, Geld zu besitzen, es zu behalten und dich daran zu erfreuen. Du stellst deine Energiefrequenz damit auf Fülle ein und zeigst dem Universum, dass du Spaß daran hast, mehr zu bekommen. Und gleichzeitig wirst du zu einem Magneten für mehr Geld. Geld wird nämlich von Geld angezogen.

Dir werden vielleicht schon beim Durchlesen dieser Aufgabe viele Widerstände begegnen, warum diese Übung im Moment nicht funktioniert ... Und genau das ist gut so! Schau dir diese Widerstände bitte genau an!

Was hast du für Gedanken bei meiner Anregung, JEDEN und wirklich JEDEN Fünfeuroschein zu sammeln?

Daran kannst du gut erkennen, wie viele Widerstände du noch dagegen hast, Geld zu besitzen.

Beschummelst du dich selbst, indem du den Schein sofort wieder ausgibst ohne ihn in dein Gefäß zu tun? Das sind genau die Mechanismen, die es verhindern, dass mehr Geld zu dir fließt.

Diese kleine Übung kann dir gut zeigen, wie du über Geld denkst und welche Bedeutung du einem Fünfeuroschein beimisst. Und wie viel Disziplin und Durchhaltevermögen du an den Tag legst, um ein Ziel zu erreichen. Eine einfache und wirkungsvolle Übung, die viel Unbewusstes ans Tageslicht bringt. Du weißt ja: Je besser du deine Hintertüren kennst, umso weniger werden sie in Zukunft noch funktionieren, weil du weißt, dass sie dich nicht ans Ziel bringen.

Übung 2, Tag 6

Wenn du Einwände ausfindig gemacht hast, dann stell dir

bitte noch einmal folgende Fragen dazu:

- ➤ Was kann ich anderes DENKEN, um mehr Geld zu empfangen?
- ➤ Was kann ich anderes FÜHLEN, um mehr Geld zu empfangen?
- ➤ Was kann ich anderes SEIN, um mehr Geld zu empfangen?
- ➤ Was kann ich anderes TUN, um mehr Geld zu empfangen?
- ➤ Was werde ich anderes HABEN, wenn ich mehr Geld empfange?

Deine Affirmation für heute

„Ich bin dankbar für all das Geld, das in vollkommener Leichtigkeit zu mir fließt und das sich auf magische Weise vermehrt. Ich bin ein Geldmagnet."

Morgen-Übung

Schreibe dir deinen Wunsch dreimal in dein Buch.

Wenn du Widerstand dabei spürst, sage dir: „Ich lasse jetzt alles los, was mich davon abhält, mein Ziel zu erreichen. Ich bin bereit, alles für mein Ziel zu tun."

Einführungs-Meditation

Nimm dir bitte zehn Minuten für deine Meditation vor dem Schlafengehen Zeit. Verwende bitte die Einführungs-Meditation vom dritten Tag. Versuche dabei, die Momente von Gedankenfreiheit wahrzunehmen und auszudehnen.

Wenn du Ruhe in dir spürst, stell dir für einen Moment deinen Wunsch vor. Bitte lass deinen Wunsch in deinem Inneren entstehen und sieh dich selbst darin, spüre, wie es sich für dich anfühlt. Sei jetzt schon dankbar, so, als wäre er bereits deine Realität.

Spüre heute noch zusätzlich die Dankbarkeit in dir über jeden Fünfeuroschein, den du sammeln kannst. Fühle dich mit jedem Schein wohlhabender und spüre und sage dir innerlich: „Ich danke für all das Geld, das zu mir fließt und mich mehr in die Fülle bringt."

Stell dir vor, wie du zum Geldmagneten wirst und das Geld vollkommen leicht zu dir fließt.

Tag 7: Was ist dein großes Warum?

Ich möchte hier noch einmal betonen, wie wichtig es ist, dein Warum zu kennen:

Dein Warum gibt dir die Power, niemals aufzugeben, sobald Probleme oder Schwierigkeiten am Horizont auftauchen. Wenn du innerlich nicht das Gefühl hast, dass du genau das Richtige machst und es dir Freude bereitet, was du tust, kannst du keine Bestleistung abrufen.

Bill Clinton holte sich nach seiner Affäre mit Monica Lewinski Rat bei Tony Robbins, wie er die daraus resultierende mediale Krise überwinden könne, die seine politische Karriere ins Wanken zu bringen drohte. Tony Robbins fragte ihn: „Was ist dein Ziel? Was möchtest du am Ende deiner politischen Karriere erreicht haben?"

Diese Fragen zielten auf Clintons großes Warum ab. Denn das Warum zu kennen, gibt Kraft, weiterzumachen, auch wenn es gerade schwer ist. Denn eines ist klar: Der Weg zu deinem Traum ist nicht immer auf Samt und Rosen gebettet. Ich kenne niemanden, der Großes erreicht hat und auf seinem Weg dorthin nicht mit Fehlern fertig werden und Hürden überwinden musste. Sie gehören einfach dazu und dienen unserer Weiterentwicklung. Wenn du dein Warum nicht kennst und deine Vision nicht klar vor Augen sehen und spüren kannst, wirst du dort auch nicht ankommen.

Lerne deinen eignen „Plan" kennen!

Frage dich jetzt bitte mal selbst:

„Was will ich erreichen?"

„Und warum will ich das?"

Mach dir ein genaues Bild davon und fülle dieses Bild mit positiven Gefühlen.

Warum ist es so wichtig für dich und dein Umfeld, genau das zu erreichen?

Dein Warum sollte nicht allein daraus bestehen, ein luxuriöses Leben führen zu können. Dein großes Warum, also das, wozu du hier bist, ist im Prinzip immer, der Welt und den Menschen mit deinen einzigartigen Fähigkeiten zu dienen.

Dein Warum kann so etwas sein, wie für andere wunderschöne Torten zu kreieren — einfach etwas, woran sich Menschen erfreuen. Die Qualität unserer Welt resultiert aus dem Engagement jedes Einzelnen. Jeder von uns ist ein Teil des großen Ganzen. Vielleicht bist du Künstlerin, Stylist, Floristin, Therapeutin oder Heiler — all das dient anderen Menschen. Sobald du für ein Kollektiv arbeitest, werden noch einmal ganz andere Potenziale in dir freigesetzt.

Du wirst über dich hinauswachsen und zwar in einer Weise, von der du niemals zu träumen gewagt hast. Natürlich bist du auch hier, um es dir so schön wie möglich zu machen, aber das ist zweitrangig. Erfüllung findest du nicht, indem du einen Porsche besitzt, sondern in deiner Lebensaufgabe. Und die besteht darin, der Welt mit deinem ganz eigenen Potenzial zu dienen, sie damit zu einem besseren Ort zu machen.

Unseren eigenen Plan zu erkennen, fällt uns oft schwer, da wir immer nur kleine Teilabschnitte des gesamten Bilds sehen können. Im Lauf des Lebens erkennen wir immer mehr einzelne Teile und je achtsamer du dich damit beschäftigst, umso klarer wird sich das Bild formen. Du wirst das Bild in deinem Inneren finden — von außen bekommst du durch deine Erfahrungen lediglich Impulse, damit du weißt, in welchem Abschnitt des Bildes du dich gerade befindest und was es zu bearbeiten, zu transformieren oder zu integrieren gilt. Folge einfach deiner inneren Führung: zu deinem Warum und deiner Vision von dem, was du im Leben möchtest.

Übung 1, Tag 7

Welche Gedanken stehen deinem Warum noch im Weg?

Solltest du dein Warum noch nicht kennen, kannst du dir einige Fragen stellen. Bitte beantworte diese heute für dich:

➤ Wie würde dein Leben weiter verlaufen, wenn du alles so lässt wie bisher und deinen Wunsch nicht lebst?

_____

➤ Welchen Preis würdest du zahlen, wenn du deinen Wunsch jetzt auf Eis legen würdest?

_____

➤ Wo wärst du dann in fünf oder zehn Jahren, wenn du deiner Wunschvorstellung vom Leben nicht nachgehst?

_____

➤ Was möchtest du erreicht haben, wenn du im Alter auf dein Leben zurückblickst.

➤ Wie würde dein Leben weiter verlaufen, wenn du dich heute jetzt und hier für deinen Traum entscheiden würdest?

➤ Wie würdest du dich in fünf Jahren fühlen, wenn du jetzt anfangen würdest deinen Wunsch zu verwirklichen?

➤ Was könnte für dich und dein Leben möglich werden, wenn du deinen Traum wirklich lebst?

 Deine Affirmation für heute

„Ich weiß, was ich will und richte meine Gedanken kraftvoll in jedem Moment auf mein Ziel aus."

Morgen-Übung

Schreibe dir deinen Wunsch dreimal in dein Buch. Wenn du einen Widerstand spürst, sage dir: „Ich lasse jetzt alles los, was mich davon abhält, mein Ziel zu erreichen. Ich bin bereit, alles Nötige für mein Ziel zu tun."

Einführungs-Meditation

Nimm dir bitte noch einmal zehn Minuten für deine Meditation vor dem Schlafengehen Zeit. Versuche dabei, die Momente von Gedankenfreiheit wahrzunehmen und auszudehnen.

Wenn du Ruhe in dir spürst, stell dir für einen Moment deinen Wunsch vor. Bitte lass deinen Wunsch in deinem Inneren entstehen und sieh dich selbst darin; spüre, wie es sich für dich anfühlt.

Sei jetzt schon dankbar. So, als wäre er bereits deine Realität.

Dein Herz und deine Gefühle

„Ein Tropfen Liebe
ist mehr als ein Ozean
an Wille und Verstand."

Blaise Pascal

Die zweite Woche beginnt

Öffne dein Herz und verstehe, wie du deine Gefühle für die Erfüllung deines Wunsches nutzen kannst!

Wenn du deinen Gedanken folgst, spürst du meist früher oder später Leid und Zerrissenheit und erfindest Geschichten über dich, die Menschen und die Welt. Doch wenn du deinem Herzen, deinem tiefsten inneren Sein folgst, spürst du Liebe und Verbindung und siehst die Wahrheit über dich und das Universum.

Was wäre also, wenn du vollkommen frei wärst? Und, anstatt deinen Gedanken zuzuhören, deinem Herzen folgen würdest — und damit dem, wonach du dich sehnst und wovon du träumst? Wenn ich sage, dass du deinem Herzen folgen sollst, meine ich nicht, dass du dich auf all die hundert verschiedenen Emotionen einlassen sollst, die du jeden Tag fühlst. Emotionen entstehen aus unseren Gedanken und besitzen immer eine „Ladung" im Gegensatz zu unseren Gefühlen. Ein Gefühl ist ein Gewahrsein über das, was tatsächlich ist, ohne eine emotionale „Ladung" zu haben. Emotionen sind schlechte Ratgeber, denn sie bewirken oft, dass du dich ängstlich, klein oder ungenügend fühlst. Mit ihrer Hilfe kannst du Gewahrsein darüber erlangen, ob ein Mensch, eine Situation oder Umstand dir gut tut — oder eben nicht. Das kommt eher einer neutralen Beobachtung gleich. Bei Emotionen dagegen deutet dein Kopf etwa mit Hilfe einer Geschichte, die du dir dazu ausdenkst, dass du beispielsweise maßlos enttäuscht oder wütend darüber bist, wie ein bestimmter Mensch sich verhält.

Emotion bedeutet nichts anderes als Energie in Bewegung. Eine Emotion will angeschaut werden, aber sie soll sich nicht in deinem Körper als Zellbewusstsein manifestieren und festsetzen. Sie soll kommen und wieder gehen dürfen, von einer Emotion zur nächsten fließen.

Deine Gedanken und Einstellungen setzten einen biochemischen Prozess in Gang, der dich auf bestimmte Art fühlen lässt: Jede deiner Emotionen bringt ein inneres Bild oder einen Film zum Laufen und entwickelt die wildesten Zukunftsszenarien. Die können deinen Körper in Angst und Schrecken versetzen und ihn glauben lassen, dass das, was du da gerade im Kopf entwickelst, auch tatsächlich so eintreten könnte. Es sind aber nur Geschichten, die du im Kopf konstruierst. Diese Geschichten haben zu 99 Prozent nichts, aber auch gar nichts mit der Realität zu tun. Es gibt nur leider kein System in uns, das diese sabotierenden, negativen Gedanken aussortieren und nur die förderlichen und stützenden zulassen würde.

Was dir deine Gefühle wirklich sagen wollen

Dein Körper kennt den Unterschied zwischen der Fantasie deiner Gedanken und dem, was tatsächlich geschieht, nicht. Für den Körper fühlt sich beides real an. Wenn du zum Beispiel im Fernsehen siehst, wie Lassie stirbt, wirst du wahrscheinlich tiefe Trauer empfinden und mitheulen, obwohl du genau weißt, dass der berühmte Langhaarcollie zumindest damals, als der Film gedreht wurde, noch lebte. Dein System hält solche Bilder in der Regel für wahr. Genau so ist das mit deinen inneren Bildern und Einstellungen. Wenn du über dich glaubst, dass du falsch bist oder mit dir etwas nicht stimmt oder, dass du nicht gut genug warst und deshalb vielleicht deine Arbeit verloren hast, dann wird dir dein Körper ein schlechtes Gefühl geben, Ergebnis: Du fühlst dich als Opfer. Aber bist du das wirklich? Bist du tatsächlich schlecht, weil du deine Arbeit verloren hast? Nein. So wird dir lediglich eine neue Möglichkeit geboten, etwas zu finden, was im

Moment viel besser zu dir passt. Stell dir vor, dass alles, was geschieht, deinem Wachstum dient. Das Universum meint es stets gut mit dir.

Zum Beispiel könntest du deine Arbeit verloren haben, weil du aus deinem alten Job „herausgewachsen" bist, er würde dir also vermutlich sowieso gar keinen Spaß mehr machen. Häufig passieren solche Dinge, weil wir unbewusst danach gefragt haben.

Deswegen: Lass die negativen Gefühle erst einmal da sein. Fühle sie und versuche, sie nicht wegzuschieben. Dort, wo du in großem Widerstand zu einer Emotion bist, bleibt sie nämlich erst recht bestehen: „what you hate you create". Alles, was du unterdrücken oder gar verleugnen willst, wird nur noch stärker, du erschaffst manches davon sogar regelrecht erst durch deine starken, negativen Emotionen.

Es geht darum, zu akzeptieren, was ist — ohne ein ganzes Drama aus inneren Bildern dranzuhängen. Bewerte bitte nicht, sondern entwickle ein Gewahrsein darüber, was ist.

Für eine gewisse Zeit ist es in Ordnung, mal in negativen Gefühlen zu bleiben. Wenn du eine Trennung oder einen Verlust erleben musst, dann nimm dir die Zeit, um alle Verletzungen und deine Trauer zu spüren. Doch irgendwann kommt der Zeitpunkt, an dem du aus dem Drama und dem, was du dir erzählst, wieder aussteigen solltest. Dazu haben wir unser Bewusstsein, mit dem wir in der Lage sind, neue Ansichten und Gedanken zu entwickeln. Durch dein Bewusstsein kannst du negative Gefühle wieder loslassen und durch neue ersetzen, indem du deine Ansichten über das, was dir passiert ist, veränderst. Das bedeutet nicht, dass schwere Lebenskrisen wie Tod oder Krankheit schöngeredet werden sollen. Sie sind und bleiben, was sie sind — unfassbar und schlimm. Du erlaubst dir nur nach einer gewissen Zeit — die du brauchst—, wieder aufzustehen. Lebenskrisen gehören zum Leben genauso dazu, wie all die wunderschönen, magischen Geschenke, dir wir im Lauf des Lebens erhalten. Alles, was geschieht, formt uns zu dem Menschen, der wir sind. Auch ist es völlig normal, dass wir mal gute und mal schlechte Tage haben.

Aus diesem Grund haben wir letzte Woche damit begonnen, dein Mindset neu zu sortieren, damit du lernst, achtsamer mit dem zu sein, was du denkst und glaubst. Und damit du beginnen kannst, das zu denken, was dich unterstützt, um dich wieder gut zu fühlen. Denn: Sich wieder gut zu fühlen, ist eine Wahl, die nur du allein treffen kannst.

Dennoch wird erst einmal alles Neue zu einem Widerstand in deinem Autopiloten führen. Was er nicht kennt, das mag er erst mal nicht. Er gleicht alle vergangenen Erfahrungen mit der Realisierung des Neuen ab. Das bedeutet, dass genau in dem Moment alles, was du jemals gehört, gelernt oder von deinen Eltern übernommen hast, in Form von Glaubenssätzen, wie einfach, schwer, möglich oder unmöglich, hochkommt und dich auf eine bestimmte Art fühlen lässt. Dies wird beim Traumurlaub genauso passieren wie bei deinem Traumhaus, den Gedanken an eine erfüllende Beziehung oder dem Wunsch, dich selbstständig zu machen. Sofort sagt dir dein Gefühl, was du glaubst, was möglich oder unmöglich ist. Und vieles davon wird dich stoppen.

Die Frage ist jetzt: Wie solltest du mit den Gefühlen, die dich stoppen, umgehen?

Eine Emotion ist zunächst einmal weder gut noch schlecht. Sie entsteht allerdings allein durch deine Vorstellung oder die Interpretation einer Situation, die durch Erfahrungen, die du in der Vergangenheit gemacht hast, entstanden ist. Wenn du der Emotion nicht bewusst nachspürst, kann sie

dich einschüchtern und du wirst vielleicht sogar einen Rückzieher in Bezug auf deine Wünsche machen. Du denkst, wenn
du das im Körper so real spürst, dann muss es ja auch real
sein. Ist es aber nicht. Es ist nur die Sicht, die du auf eine
bestimmte Sache hast. Wenn du verstanden hast, dass du
wirklich die Freiheit hast, die Dinge aus unterschiedlichen
Perspektiven zu betrachten, hast du die Wahl, eine neue
Realität für dich zu wählen.

Wenn du gelernt hast, dein Bewusstsein einzusetzen, dann
nimm die negative Emotion wahr, mache sie groß und präsent in dir – und dann lass' sie ziehen. Mit Bewusstsein meine
ich, deine Gedanken und Gefühle auf das auszurichten, was
du möchtest. Und zwar mit dem festen Glauben daran, es zu
schaffen. Und daran, dass du in jedem Moment bewusst entscheidest, was du als Nächstes wählen möchtest: entweder
ein schweres Gefühl, das dich auf dem Absatz umkehren
lässt und alle Bemühungen einstellt. Oder du hast bereits ein
leichtes Gefühl bei dem Gedanken an deinen Wunsch, der
dich motiviert, weiterzumachen, weil du das Vertrauen hast,
dass du es schaffen kannst.

Wenn etwas Neues in dein Leben soll, braucht es eine neue
Blaupause in deinem Inneren. Halte deine Gefühle nicht
fest, sondern lasse sie, wenn die Zeit gekommen ist und du
deine Lektion gelernt hast, auch wieder gehen.

Und genau darum kümmern wir uns in dieser Woche: deine
Gefühle mit dem in Einklang zu bringen, was du dir
wünschst.

Tag 8: Negative Gefühle transformieren

Ein herzliches Willkommen zur zweiten Woche!

Jetzt erwartet dich eine Woche, die deinem Gefühl und Herzen gewidmet ist. Die erste Woche war vielleicht etwas anstrengend — dich mit allen Widerständen deines Mindsets auseinanderzusetzen. Doch wenn du dein Leben im Außen verändern möchtest, musst du die alten Einstellungen, Glaubenssätze und Gefühle an das anpassen, was du dir wünschst.

Das heißt, du veränderst die Energie, indem du dein Mindset und deine Gefühle mit deinem Wunsch synchronisierst. Da das Gefühl veränderbar ist und es nur in der Vorstellung entsteht, die du bis jetzt von etwas hattest, geht es ab heute darum, dir die Gefühle anzuschauen, die dich noch daran hindern, dein Ziel zu erreichen.

Und noch einmal: Es ist normal, dass zunächst vielleicht widersprüchliche Gefühle in dir hochkommen, wenn du in deinen Wunsch hineinspürst. Das erzeugt vielleicht ein Gefühl von Angst, Zweifel oder Unsicherheit in dir. Das ist vollkommen normal! All diese Gefühle sind Geschichten, die dir dein Verstand erzählt und die dich daran hindern, deine eigene Realität zu leben. Hinter diesen Gefühlen von Angst und Unsicherheit steht selten eine reale Bedrohung. Wenn du dem Gefühl nicht bewusst nachspürst, wird es dich einschüchtern und du wirst vielleicht einen Rückzieher machen. Du denkst, wenn du es im Körper so real spürst, dann muss es ja auch real sein. Ist es aber nicht.

Stell dir vor, diese Gefühle wären nur Wegweiser, die dir den Weg zeigen, um dein wahres Potenzial zu leben. Der Zweifel wäre ein Anzeichen dafür, dass du kurz vor einer Veränderung stehst und dein Körper sich einfach nur mit

Hilfe der Angst wehren will, da dein Autopilot lieber alles beim Alten belassen möchte. Auch, wenn es vielleicht schlecht für dich wäre, am Alten festzuhalten. Stell dir vor, du hättest unendliches Vertrauen in dich und das Universum, das alles für dich bereithält, was du verlangst.

Wenn du gelernt hast, dein Bewusstsein einzusetzen, dann nimm das negative Gefühl wahr und mache es groß und präsent in dir. Versuche erst einmal, keine Bewertung darauf zu legen. Dann bekommst du die Freiheit, die Dinge aus unterschiedlichen Perspektiven zu betrachten und hast die Wahl, eine neue Realität für dich zu wählen.

In der folgenden Übung zeige ich dir einen Weg, wie du deine Gefühle verändern kannst.

Übung 1, Tag 8

Das negative Gefühl transformieren

Nimm bitte noch einmal deinen Wunsch zur Hand, sprich ihn laut aus und schau dich vielleicht dabei im Spiegel an. Achte darauf, welche Gefühle in Bezug auf deinen Wunsch in dir hochkommen. Wenn sich ein negatives Gefühl in dir einstellt — schreibe es auf.

Bitte nimm dir noch einmal aus Tag 5 die Liste: „Was kann ich anderes DENKEN — FÜHLEN — SEIN — TUN — HABEN, um mein Ziel zu erreichen?" Schau dir noch einmal an, was du da zu geschrieben hast und prüfe, ob diese Gefühle immer im Widerspruch zu deinem Wunsch stehen. Erweitere deine heutigen negativen Gefühle um die Gefühle von Tag 5 (wenn du sie noch hast).

Jetzt such' dir die Emotion mit der größten „Ladung" aus, die sich für dich wie der größte Widerstand anfühlt und beginne mit ihr. Danach arbeitest du dich einfach immer weiter nach unten bis zu der Emotion mit der geringsten „Ladung". Du wirst bemerken, wenn du mit der Emotion mit der größten Ladung beginnst, werden die weniger starken Gefühle meist von allein schon schwächer oder verschwinden sogar von selbst, je mehr du schon abgearbeitet hast.

1. Schritt: Achtsames Wahrnehmen des negativen Gefühls

➤ Frage dich: Worum geht es da?

➤ Was habe ich vorher gedacht oder mir vorgestellt, dass ich mich jetzt so fühle? Was löst dieses Gefühl in mir aus?

➤ Jetzt nimm Kontakt zu dem Gefühl auf: Wo und wie fühlst du es in deinem Körper?

➤ Bewerte das Gefühl nicht und dramatisiere auch die Ängste, Bilder oder Filme nicht, die es in dir wachruft.

➤ Bleibe in einer neutralen Beobachterhaltung und atme in das Gefühl. Dehne das negative Gefühl in dir aus und spüre es für einen Moment.

➤ Vergiss nie: Du bist und weißt mehr als das Gefühl. Und du bist mächtiger als das Gefühl!

Normalerweise verdrängen wir negative Gefühle, damit sie uns nicht weiter leiden lassen. Wir schieben sie zurück ins Unterbewusstsein und glauben, damit wären sie weg. Gefühle wollen sich aber bewegen. Eine Emotion ist Energie in Bewegung. Allein durch die Beobachtung können sich Gefühle bereits verändern. Spüre nach, was deine Gefühle in deinem Leben auslösen.

Wenn dich das Gefühl überwältigt, dann sage dir innerlich so etwas wie: „Ich bin mächtiger als dieses Gefühl. Ich bin die einzige Macht in meinem Leben, die alles lenkt. Ich bin in Verbindung mit allem, was ist. Ich bin die Quelle von allem, was ist. Ich bin frei, meine Gefühle und Ansichten neu zu wählen. Ich entscheide mich für ... und lasse alles in mir los, was es verhindert."

2. Schritt: Transformation des Gefühls

➢ Drehe das Gefühl um und versuche, genau das Gegenteil davon zu spüren.

➢ Bist du in diesem Moment bereit, dieses alte Gefühl aufzugeben und zu ersetzen? Wenn ein Ja kommt, gehe zum nächsten Punkt.

➢ Dann nimm das Gefühl gedanklich aus deinem Körper heraus, drehe es um 180 Grad und führe das gegenteilige, also das positive Gefühl in deinen Körper ein. Wenn es beispielsweise eine Bewegung ist, brauchst du die Bewegung einfach nur umzudrehen.

➢ Stell dir vor, genau das Gegenteil davon wäre ab jetzt deine Realität? Wie würde sich dann dein Leben verändern?

3. Schritt: Integration des neuen Gefühls

➢ Erlaube der „umgedrehten Energie" sich auszudehnen, bis sich das alte Gefühl aufgelöst hat.

➢ Atme einfach in das neue positive Gefühl hinein und dehne es weiter in dir aus.

➢ Lass dir so lange Zeit bis sich eine innere Gewissheit eingestellt hat und du dich wieder gut fühlst, wenn du an deinen Wunsch denkst. Wenn sich ein inneres Lächeln in dir ausdehnt und sich bei einem tiefen Atemzug verstärkt, hat sich eine Änderung in dir vollzogen.

Extra-Tipp

Durch tiefes Ein- und Ausatmen können sich Gefühle transformieren. Sobald du den Atem anhältst, frierst du das aktuelle Gefühl ein. Achte bei der Arbeit mit deinen Gefühlen also darauf, in einem fließenden Atemrhythmus zu bleiben. Manchmal, wenn wir uns besonders stark auf etwas konzentrieren, halten wir nämlich den Atem an. Versuche, genau das im Prozess der Transformation zu vermeiden.

Verfahre so mit jedem negativen Gefühl, das dir heute begegnet und zwar genau in dem Moment, in dem du es spürst.

Was du außerdem noch gegen ein diffuses, negatives Gefühl tun kannst

Leider genügt es nicht, das positive Gefühl ein einziges Mal zu spüren – du musst dieses Gefühl während des gesamten Prozesses, also, bis du dein Ziel erreicht hast, aufrechterhalten. Das bedeutet aber nicht, dass du nur noch „gut drauf" sein musst, damit dein Wunsch in Erfüllung geht. Denn das ist unmöglich und niemand schafft das jeden Tag der Woche 24 Stunden lang. Du musst dich nicht permanent in einer positiven, hochschwingenden Energie befinden, um deinen Traum zu verwirklichen, aber du solltest versuchen, dich immer wieder bewusst selbst in ein positives Gefühl zu versetzen. Und das eben so oft, wie es dir möglich ist.

Wie das geht?

Okay, hier ein Beispiel: Frage dich, ob das negative Gefühl bezüglich deines Wunschs jetzt gerade in diesem Moment wirklich wahr ist. Und wenn du dir darüber klar bist, dass dieses Gefühl unrealistisch ist, dann sage dir so etwas wie:

„Ah! Okay, ich hatte gerade einen unbewussten Gedanken aus meiner Vergangenheit, der in mir dieses Gefühl ... hervorgerufen hat. Das ist bloß eine chemische Reaktion auf den Gedanken! Das bedeutet nicht, dass es für mich zu unsicher ist, meinen Wunsch zu realisieren. Die Realität bestimme ich! Was ich denke, bestimme ich! Ich bin frei, jeden Gedanken und alle Gefühle bewusst zu wählen. Ich bin der Schöpfer meines Lebens! Alles, was im Außen geschieht, kommt aus mir."

Nutze auch die Möglichkeit der Klopfakupressur, um mit dem negativen Gefühl umzugehen. Du könntest das Gefühl, das in dir auftaucht erst einmal mit folgenden Satz beklopfen: „Auch wenn ich (mich) ... (fühle), liebe und akzeptiere ich mich so, wie ich bin."

 Deine Affirmation für heute

Bitte erinnere dich jeden freien Moment des Tages (vor allem in Momenten, in denen deine Gedanken ins Negative abschweifen) an deine Affirmation:

> *„Ich bin bereit, alle Gefühle loszulassen, die mich daran hindern, das zu leben, was ich von Herzen liebe."*

Morgen-Übung

Schreibe dir deinen Wunsch dreimal in dein Buch.

Meditation

In dieser Woche bitte ich dich, die Herz-Meditation jeden Abend vor dem Schlafengehen zu wiederholen. Sie soll deine Gefühlsebene öffnen, sodass du deinem Wunsch besser nachspüren kannst.

Diese Meditation ist vielleicht eine für dich vollkommen neue Herangehensweise, die etwas Übung braucht. Aber probiere es selbst einmal aus. Ich habe dir der Einfachheit halber auch diese Woche auf meiner Webseite die Meditation gespeichert, sodass du sie dir jeden Abend anhören kannst:

https://www.kubigcoaching.de/blog/transformation-leicht-gemacht

Die Herz-Meditation

Beginne, dich zu entspannen, so wie du es in der ersten Woche gelernt hast ...

Schalte alle Störquellen aus. Komm in eine entspannte Haltung, schließe deine Augen, beginne, dich selbst zu fühlen und nun konzentriere dich auf deinen Atem.

Atme ganz normal und spüre, was der Atem in deinem Körper macht. Nimm für einen Moment wahr, wie du ein- und ausatmest und lass dich von deinem Atem tief in dein Inneres tragen.

Beobachte deine Gedanken ohne dich auf sie einzulassen oder irgendetwas mit ihnen zu machen. Bleibe neutraler Beobachter. Lass sie kommen und wieder gehen. Wie Wolken am Himmel auch kommen und gehen. Versuche dabei die Momente von Gedankenfreiheit wahrzunehmen und auszudehnen.

Dehne die Stille in dir immer mehr aus und lass dich von der Stille in dein Herz tragen.

Nimm dein Herz wahr und wie es entlang der Wirbelsäule nach oben hin mit dem Universum verbunden ist. Und spüre auch, wie dein Herz entlang der Wirbelsäule nach unten hin durch die Beine und Füße mit der Erde verbunden ist. Stell dir vor, wie du dich über deine Füße bis tief in die Erde verwurzelst und dich nach oben hin bis in die Unendlichkeit des Universums und noch darüber hinaus ausdehnst.

Atme tief in dein Herz hinein und öffne es mit jedem Ausatmen mehr. Spüre in deinem Herzen die Liebe, die du bist.

Spüre wie von oben und unten Energie des Universums in dich einströmt und du die Energie gleichzeitig nach oben und unten wieder abgibst. Du empfängst und sendest gleichzeitig und bist darüber hinaus mit allem verbunden, was ist.

Dann öffnest du dein Herz – das Tor zu dem, was tatsächlich ist, war und sein wird – und dehnst dich zu allen Seiten über deinen Körper hinaus aus nach vorne nach hinten nach oben und nach unten – dehne dein Herz über deine Stadt hinaus – über dein Land – deinen Kontinent – über die gesamte Erdkugel hinaus aus bis die Unendliche hinein und darüber hinaus aus.

Spüre die Dankbarkeit über all die Dinge, die du schon erreicht hast. Die du bereits liebst. All die Dinge in deinem Leben, die gut gelaufen sind. Für all die Menschen für die du dankbar bist. Für Begegnungen, für die du dankbar bist. Spüre die Dankbarkeit für deinen Körper. Spüre die Dankbarkeit jetzt hier zu sein.

Nimm nun über dein Herz Kontakt zu deinem Wunsch auf. Spüre deinem Wunsch nach als wäre er bereits schon Realität. Sieh dich selbst darin und spüre dann, wie es sich mit allen Sinnen für dich anfühlt. Spüre das Lächeln in deinem Gesicht. Spüre deine aufrechte Haltung – deine Freude – deine Leichtigkeit. Schau dich um, was du siehst, was du tust, wer du dann bist.

Vielleicht hörst du auch etwas Bestimmtes. Schau, was dann alles für dich möglich ist.

Spüre, wie es sich für dich anfühlt und gestalte alles so positiv, wie es nur geht. Alle auftauchenden Einwände schickst du sofort weg. Alles, was du dir vorstellst und was sich gut anfühlt, ist dein möglicher Weg. Begrenze dich nie in deiner Vorstellung.

In diesem Zustand lässt du deinen Wunsch ganz klar in deinem Herzen entstehen. Wenn du deinen Wunsch innerlich ganz deutlich wahrnehmen kannst, wenn du ihn fühlst, riechst, schmeckst, hörst und siehst, lass zu, dass sich auch der Wunsch ausdehnt. Mach dieses Bild ganz stark und lass deine Freude und Dankbarkeit in dieses Bild fließen.

Freue dich innerlich, wenn du mit deinem Wunsch verbunden bist und bedanke dich schon jetzt dafür, als wäre er real. Sag innerlich: „Das ist wunderbar! Ich danke dir, liebes Universum, dass ich in dieser unendlichen Fülle lebe und ich es genießen kann. Danke, dass du mir die Fülle des Lebens zeigst. Ich erlaube mir, dass es mir gut geht. Ich bin bereit, diese Fülle zu empfangen."

Wenn es sich für dich gut anfühlt und dir ein Lächeln ins Gesicht zaubert, ist es genau richtig. Je mehr positive Emotionen in dir beim Kreieren des Bildes entstehen desto schneller wird sich der Wunsch erfüllen. Fühle, was es für dich und dein Leben bedeuten würde, wenn er bereits Wirklichkeit wäre und halte die Energie aufrecht, so lange du kannst. Damit erzeugst du ein Resonanzfeld, um genau das anzuziehen, was du dir wünschst.

Intensiviere dieses Glücksgefühl, indem du es verdoppelst und verbinde dich wieder mit dem Gefühl.

Nimm über den Atem wieder Kontakt zu deinem Körper auf und komme mit deiner Aufmerksamkeit in das Hier und Jetzt zurück.

Tag 9: Verwandle Angst in Power

Stell dir vor, du würdest ab heute jeden Moment, in dem du dich schlecht fühlst, Angst oder Selbstzweifel hast, als Erkennungsmerkmal deiner Limitierungen nutzen, die dich noch daran hindern, dein Ziel zu erreichen. Die Momente, die sich eng und ungut anfühlen, wären dann einfach dafür da, um dich wieder auf den richtigen Kurs zu bringen und dir zu zeigen, was du noch verbessern musst.

Stell dir vor, du würdest in einer Welt leben, in der es keine Limitierungen und Selbstsabotage mehr für dich gäbe. Alles, wonach du dich sehnst, wäre bereits energetisch angelegt und du müsstest nur noch die entsprechenden Limitierungen und Selbstsabotage-Mechanismen dahinter löschen.

Wenn du dich zum Beispiel selbstständig machen willst und glaubst, dass es schwer und hart werden wird, Geld zu verdienen und an Kunden zu kommen, so wirst du dich vielleicht gar nicht erst trauen, den Schritt in die Selbstständigkeit zu wagen. Oder wenn du bereits selbstständig bist, hängt dein Einkommen von dem ab, was du dir vorstellst. Und du wirst tatsächlich nur den Betrag verdienen, den du für erreichbar hältst. Oder noch schlimmer: das, was dir andere genannt haben, als sie dir sagten, was in deiner Branche möglich sei.

Lass mich dir sagen: DU bist die Maßeinheit. Und DU entscheidest, wie viel Geld du verdienen wirst. Das Universum bringt dir exakt das, wonach du gefragt hast. Wenn du noch in deinem alten Programm läufst, das dir sagt, dass die anderen besser sind als du und dass du es nie hinkriegen wirst, dann wirst du es auch nicht hinkriegen. Diese Mechanismen sind es, die ich Selbstsabotage-Programme nenne.

Selbstsabotage-Programme erkennen

Sobald du eines dieser Selbstsabotage-Programme aus deinem Autopiloten erkennst, sag dir bitte sofort:

„Ich habe dich erkannt und weiß, dass du mich bisher davon abgehalten hast, mein Ziel zu erreichen. Ich brauche dich nicht mehr und höre dir nicht weiter zu. Ich entscheide mich (zum Beispiel) dafür, mit Leichtigkeit mehr Geld zu verdienen."

Alles, was dir im Außen begegnet, ist exakt das, was du benötigst, um deine alten Sabotagemuster zu identifizieren, zu eliminieren und damit endgültig zu durchbrechen. Wenn du erfolgreich sein möchtest, stoppe jegliche Selbstbewertung über dich, vergleiche dich nicht mehr mit anderen und denke nicht darüber nach, was andere über dich denken. Du bist dein Maßstab.

Mit welchen Gefühlen stoppst du dich außerdem?

Ein paar Beispiele:

➤ „Ich fühle mich nicht gut genug."

➤ „Ich habe das Gefühl, dass ich das nicht verdient habe."

➤ „Ich habe das Gefühl, dass andere das viel besser können als ich."

➤ „Geld zu verdienen ist schwer und es ist noch schwerer, es auch zu behalten."

➤ „Ich fühle mich nicht attraktiv genug, um geliebt zu werden."

➤ „Erfolgreich zu sein, bedeutet, ein entbehrungsreiches Leben ohne Freizeit zu führen."

> „Ich habe das Gefühl, dass ich das nicht kann."

> „Ich habe Angst zu versagen."

> „Ich fühle mich hilflos und zu schwach."

> „Ich habe keine Kontrolle."

Das, was du über dich und die Welt zu wissen glaubst, hat mehr Kraft als deine Träume oder Wünsche. Dein Leben ist das, von dem du fühlst, dass es möglich ist.

Übung 2, Tag 9

Selbstsabotage-Programme transformieren

Schritt 1

Nimm dir noch einmal deinen Wunsch zur Hand und fühle in ihn hinein. Zum Beispiel:

> In einer erfüllenden Beziehung zu leben.

> Eine Arbeit zu haben, die dir Freude bereitet.

> Im Frieden mit deinem Körper zu sein....

Schritt 2

Frage dich: „Welchen Preis müsstest du zahlen, um deinen Wunsch zu verwirklichen?" Decke das Selbstsabotage-Programm, das deine Wunscherfüllung noch verhindert, auf, indem du dir zehn negative Gefühle und Konsequenzen aufschreibst, wenn du dir vorstellst, dass sich dein Ziel bereits manifestiert hätte.

Bitte fühle einmal in diese Aussagen hinein:

➤ Wie würdest du dich fühlen, wenn dein Umfeld nicht hinter dir stehen würde?

➤ Was könnte schlimmstenfalls finanziell geschehen?

➤ Was wären die Auswirkungen auf dein privates Umfeld wie Freunde und Familie?

➤ Welche Auswirkung hat dein Wunsch auf deinen Beruf?

➤ Welche Auswirkung hätte es auf deine spirituelle Entwicklung?

➤ Wie würde sich dadurch deine Freizeit verändern?

➤ Würde es deinem dir innewohnenden Potenzial entsprechen und dir und deiner geistigen Entwicklung dienen?

➤ Welche Auswirkungen hätte es auf deine Beziehung?

➤ Welche Auswirkungen hätte es auf deine Gesundheit?

Schritt 3: Transformiere es!

Nimm dir jetzt all die negativen, gefühlten Auswirkungen vor, die du aufgedeckt hast und frage dich: "Ist das wirklich wahr oder ist es eine Geschichte, die ich mir da erzähle?"

Spüre jede Befürchtung bis zum Schluss durch und schau dir an, ob das, was da deiner Ansicht nach schlimmstenfalls passieren würde, auch wirklich passieren könnte und wie wahrscheinlich das überhaupt ist.

Dein Gehirn und dein Körper brauchen ein gutes Gefühl, wenn du an dein Ziel denkst. Du musst das Vertrauen und die Zuversicht haben, es schaffen zu können. Es muss für dich zu einer unumstößlichen Tatsache werden, das Ziel zu erreichen.

Mach dich schlau, was zur Umsetzung deines Wunschs nötig ist. Wenn du ein Haus kaufen willst, finde heraus, wie viel du an Steuern zahlen müsstest, wie hoch die Notarkosten wären, welche Kosten sonst noch auf dich zukommen würden. Wenn du die Fakten kennst, kannst du aufhören, dich selbst zu beunruhigen und anfangen, an die konkrete Umsetzung zu gehen.

Affirmation des Tages

> *„Alles, was ich brauche, ist bereits in mir.*
> *Und ich vertraue darauf, dass stets alles*
> *zum Besten geschieht*
> *und die Erfahrung meinem Wachstum dient."*

Morgen-Übung

Schreibe dir deinen Wunsch dreimal in dein Buch.

Die Herz-Meditation

Dann nimm dir bitte vor dem Schlafengehen noch zehn Minuten Zeit, um deine Herz-Meditation zu üben. Spüre deinem Wunsch nach als wäre er schon Realität.

Extra-Tipp

Wenn du möchtest, kannst du auch hier wieder die Klopfakupressur einsetzen, um dich damit von deinen sabotierenden Gefühlen zu trennen. Die Anleitung dazu findest du hier:

https://www.kubigcoaching.de/blog/transformation-leicht-gemacht

Dein Klopfsatz könnte zum Beispiel sein: „Auch, wenn ich Angst vor ... habe, liebe und akzeptiere ich mich aus tiefstem Herzen."

Tag 10: Was du von Herzen ersehnst, kriegst du

Du musst das, was du in dein Leben ziehen möchtest, so stark wollen, wie das Glas Wasser nach einem anstrengenden Work-out. Das Verlangen muss so stark sein, dass es für dich kein Wenn und Aber gibt, so stark, dass du keinen Verhandlungsspielraum zulässt. Du willst es, und zwar jetzt und sofort. Da darf es kein Zweifeln oder Hadern geben, ob das überhaupt möglich ist. Genau so muss es auch mit dem Wunsch sein, den du in dein Leben ziehen möchtest. Es ist ein intensives Sehnen aus dem Herzen heraus: Du willst die neue Arbeit, das Haus, den Partner oder Auftrag. Es muss sich richtig und selbstverständlich gut anfühlen, ohne Wenn und Aber. Da gibt es keine Zweifel daran, dass du es besitzen wirst. Und auch nichts anderes als genau dies als deine Zukunft anerkennen wirst.

Entwickle Verlangen nach deinem Wunsch

Mir gefällt das Wort Verlangen so gut, weil es dem starken Gefühl entspricht, das in dir freigesetzt wird, wenn du etwas Neues in dein Leben ziehst. Dazu brauchst du eine starke, energetische Sogwirkung — und zwar nicht aus Mangel, sondern aus Freude.

Wenn du deinen Wunsch aus einem Mangel heraus anziehen möchtest, wird dir das nicht gelingen. Ich weiß: Das ist das, was wir meistens versuchen. Wir wünschen uns etwas, weil wir gerade Mangel daran haben. Allerdings zieht die Mangelenergie, die du erzeugst, wieder nur Mangel an. Gleiches zieht Gleiches an!

Wenn du also Geld für deinen Traumurlaub brauchst, dann versinke nicht im Jammern darüber, wie schön es wäre, wenn ... Oder du dir sagst „Ich bin so arm ..." Sondern spüre schon beim ersten Gedanken daran die Sonne auf deiner

Haut, die Erholung, die Leichtigkeit und die Freude. Stell dir vor, du wärst schon dort und es wäre bereits Wirklichkeit. Oder wenn du gerade die Trennung von einem Mann bearbeitest, dann steige aus den Geschichten deiner Verletzungen aus und fokussiere dich auf die Qualität der Beziehung, die du in Zukunft leben möchtest. Mach dir ein genaues Bild von der Beziehung, die du dir wünschst und spüre, wie dein Körper Sehnsucht danach bekommt. Ein Verlangen im positiven Sinne ist wie ein sehr starkes Sehnen aus deinem Herzen, das du bis in den Körper spürst. So änderst du im Handumdrehen die Energie in dir.

Dein Körper entwickelt ein starkes Verlangen, deinen Herzenswunsch zu erfüllen. Darum empfehle ich dir mit deinen Gedanken um deinen Wunsch zu kreisen, weil allein der Gedanke daran deinen Körper erfreut und beginnt höher zu schwingen. Dein Körper ist übrigens das Bindeglied zwischen dir und dem Universum, mit dem du energetisch über die Quanten und Moleküle in Verbindung stehst, um dich mit deinem Wunsch zu synchronisieren. Dein Körper ist dein Resonanzraum. Doch dazu mehr in der dritten Woche.

Spüre also bitte so intensiv wie möglich in deinem ganzen Körper die Vorfreude darauf, das zu besitzen, was du dir wünschst. Aber — ganz wichtig! — nicht aus Bedürftigkeit, sondern aus einem Sehnen nach Besserem heraus. Weil es dir Freude macht und ein Hochgefühl auslöst. Spüre, wie eine regelrechte Sogwirkung in dir entsteht, die genau die entsprechende Energie anzieht! Genauso wie dir beim Anblick deiner Lieblingsschokolade das Wasser im Mund zusammenläuft: Du spürst schon, wie es sich anfühlen wird, dieses Stück Schokolade zu essen.

Du schmeckst sie, riechst sie. Du spürst, wie dein Körper danach verlangt. Wie es sich auf deiner Zunge anfühlen wird, sie darauf zergehen zu lassen. Wie die Schokolade langsam auf der Zunge zu schmelzen beginnt und der warme, samtig-süße Geschmack sich in deinem Mund verteilt. Spüre, wie freudig sich dein Körper öffnet und die Aromen aufnimmt. Alleine nur schon bei dem Gedanken daran.

Genauso gehst du mit deinem Wunsch vor. Stell es dir vor. Tue so, als ob du es schon hättest — dein Körper erkennt nicht, ob du nur daran denkst oder ob es tatsächlich schon hast. Dann entsprichst du genau der Energie, die du anziehen möchtest.

Übung 1, Tag 10

Wonach hast du dich bereits von Herzen gesehnt, was du auch genauso bekommen hast?

Erinnere dich an Momente in deinem Leben, in denen du deine Wünsche bereits erfolgreich realisiert hast, obwohl die Situation zunächst vielleicht aussichtslos wirkte und nichts darauf hindeutete, dass du in der Lage sein könntest, das zu ändern. Auch, wenn du im Moment glaubst, dass es vielleicht nichts in deinem Leben gibt oder gab, was du erfolgreich gemeistert hast, so ist da doch immer etwas, das du durch eigene Kraft geschafft hast. Ob es eine bestandene Ausbildung, die Geburt deines Kindes, deine Beziehung oder die Wohnung ist, die du alleine renoviert hast.

Beginne nun bitte, deinen Erfolg für das, was du im Leben schon alles erreicht hast, auch anzuerkennen. Es handelt sich dabei um eine Art Erfolgsmuskel, der jeden Tag trainiert werden sollte.

Notiere dir dazu fünf Situationen, in denen du Herzenswünsche realisiert hast, weil da dieses tiefe Sehnen in dir war, das dich alles, was dagegensprach, ignorieren ließ. Da, wo dein Herz sich so stark danach gesehnt hat, dass du die Wünsche trotz aller Widerstände realisiert hast.

1.

_____

2 .

_____

3.

_____

4.

_____

5 .

_____

Deine Affirmation heute

> „Ich habe die Kraft und die Fähigkeit,
> meine Herzenswünsche zu verwirklichen."

Morgen-Übung

Schreibe dir deinen Wunsch dreimal in dein Buch.

Die Herz-Meditation

Dann nimm dir bitte vor dem Schlafengehen noch zehn Minuten Zeit, um deine Herz-Meditation zu üben. Gern kannst du dir die Meditation auf meiner Webseite anhören:

https://www.kubigcoaching.de/blog/transformation-leicht-gemacht.html

Tag 11: Das Bedürfnis hinter deinem Wunsch

Wenn du dir nur etwas rein Materielles wünschst, ohne das zugrunde liegende Bedürfnis dahinter zu kennen, wird dich die Wunscherfüllung nie vollständig befriedigen, im schlimmsten Fall sogar dafür sorgen, dass du dich leer fühlst, wenn du bekommen hast, was du dir gewünscht hattest. Deswegen ist es so wichtig, in dein Herz zu spüren und dem Bedürfnis, das hinter deinem Wunsch steht, genügend Raum zu geben.

Es kann nämlich manchmal passieren, dass du dich nach etwas von Herzen sehnst und jahrelang darauf hinarbeitest, das sich dann, wenn du es besitzt, total leer anfühlt und dich nicht wirklich befriedigt. Das möchte ich dir ersparen, indem ich dir zeige, wie du dir bewusst werden kannst, was das Bedürfnis ist, das du wirklich befriedigen möchtest. Wenn du das erkennst und gleich schon mit deinem Wunsch verbindest, wirst du auch die Wunscherfüllung voller Freude genießen können — und zwar jeden Tag, es nicht zum Beispiel völlig gelangweilt als Selbstverständlichkeit sehen.

Das Bedürfnis erkennen

Und zum anderen lernst du natürlich über die Erkenntnis deines Bedürfnisses deine wahre Intention besser kennen und kannst schon heute beginnen, deine Bedürfnisse zu stillen.

Fangen wir also damit an, dein Bedürfnis hinter dem Wunsch herauszufinden.

Das Bedürfnis hinter deinem Wunsch

Wenn du nach dem passenden Bedürfnis hinter deinem Wunsch suchst, also nach dem, was wirklich in deinem Leben befriedigt werden möchte, dann stell dir zunächst einmal deinen Wunsch vor.

Übung 1, Tag 11

Schritt 1: Verbinde dich positiv mit deinem Gefühl

Vielleicht suchst du zum Beispiel eine neue Wohnung oder ein Haus? Dann versuche, dir in deinem Inneren ein Bild davon zu machen, wie die neuen Wohnräume sein sollen, damit es sich für dich richtig gut anfühlt.

Wichtig ist jetzt, dein Gefühl zu spüren: Wie möchtest du dich in deinem neuen Zuhause fühlen?

Wenn du noch Schwierigkeiten damit hast, das Gefühl klar in dir entstehen zu lassen, dann erinnere dich doch mal an ein schönes Hotel, in dem du Urlaub gemacht hast. Oder an die Wohnung einer Freundin, wo du dich besonders wohlfühlst. Oder schlendere doch mal durch ein Einrichtungsgeschäft, in dem die Ausstellung so aussieht, wie du es in deinem Haus auch gern hättest. Sieh dir Zeitschriften über Einrichtungen an.

Nimm dann Platz und lass das Gefühl von dem, was du in dieser Umgebung fühlst durch deinen Körper laufen. Wie wird es sein, in einer Wohnung aufzuwachen, in der du dich vollkommen wohlfühlst und die deinen Bedürfnissen entspricht? Wie ist es, dorthin Freunde einzuladen oder einfach gemütlich das Wochenende zu genießen?

Tu so, als wäre es bereits deins und spüre, wie es sich anfühlt, wenn es sich absolut perfekt anfühlt.

Wenn du dieses Gefühl gut im Körper wahrnehmen kannst und es mit allen Sinnen spürst (sehen, fühlen, hören schmecken und reichen), dann atme tief durch und verstärke dein Gefühl dadurch noch.

Vielleicht weitet sich dein Herz bei dem Gedanken daran, in der neuen Wohnung zu wohnen und beginnt, in dieser Frequenz zu schwingen? Spüre nach, wie es sich für dich anfühlt.

Schritt 2: Welches Bedürfnis steht hinter deinem Wunsch?

Nachdem du nun deinen Wunsch gut spüren kannst, frage dich:

➤ Welches Bedürfnis möchte mit dem, was dir jetzt noch im Leben fehlt, gestillt werden?

➤ Um was geht es hier wirklich?

➤ Kannst du diese Energie einem dir bekanntem Gefühl zuordnen?

Ist es ein Freiheitsgefühl, Frieden, Sicherheit, mehr Lebensqualität oder etwas ganz anderes? Bitte notiere dir alles, was da auftaucht und frage dich gründlich: „Was möchte vielleicht noch dadurch befriedigt werden?"

 Deine Affirmation heute

> *„Ich erlaube mir, meine tiefsten Wünschen anzunehmen und zu leben."*

Morgen-Übung

Schreibe dir deinen Wunsch dreimal in dein Notizbuch (Wunschbuch).

Die Herz-Meditation

Dann nimm dir bitte vor dem Schlafengehen noch zehn Minuten Zeit, um deine Herz-Meditation zu üben. Spüre deinem Wunsch nach, als wäre er schon Realität. Gern kannst du dir die Meditation auf meiner Webseite anhören:

https://www.kubigcoaching.de/blog/transformation-leicht-gemacht.html

Extra-Tipp

Je besser du dich konzentrieren und den Fokus halten kannst, desto besser werden die Resultate sein. Wenn du Schwierigkeiten hast, dir Dinge vorzustellen, dann übe dich zunächst an einfachen Gegenständen wie zum Beispiel an einer Vase. Sieh dir erst den realen Gegenstand an, dann schließe die Augen und versuche, ihn dir vor deinem inneren Auge vorzustellen. Übe so lange bis du ein klares Bild davon hinbekommst. Und verzage nicht, wenn du nicht zu den Menschen gehörst, die auf dem visuellen Kanal funktionieren. Dann fühlst du Dinge einfach besser oder hörst vielleicht eher, was du dir wünschst. Auch das ist okay.

Tag 12: Erzeuge ein Gefühl von deinem Wunsch

Ich möchte, dass du dich jetzt schon so fühlst, wie zu dem Zeitpunkt, an dem dein Wunsch erfüllt sein wird. Auch, wenn du im Moment noch Zweifel hast und grübelst, wie du das schaffen sollst, werde ich dir heute schon zeigen, wie du das Gefühl, das du suchst, ganz real bei dir im Inneren bereits findest. Denn wenn du es schon jetzt spürst, kann es auch jetzt bereits zu deiner Erfahrung werden und Teil deiner Realität sein.

Die „Blaupause" deines Wunsches

Gefühle, die du möglicherweise fühlst, wenn du dein Ziel erreicht hast, sind: Liebe, Frieden, Freiheit, Leichtigkeit, Verbundenheit, Freude, Kraft oder ... Sie könnten auch identisch mit deinem Bedürfnis vom Vortag sein.

Damit auch du dir eine sogenannte Blaupause von deinem Wunsch anlegen kannst, möchte ich nun eine ganz konkrete Übung mit dir machen: Mit deinen Gedanken füllst du die Leinwand mit deinem Motiv und durch deine Gefühle gibst du deinem Bild erst Farbe und damit Intensität.

Übung 1, Tag 12

Bitte nimm dir nun noch einmal deine Aufzeichnungen vom Vortag darüber vor, wie du dich fühlen möchtest, wenn du dein Ziel erreicht hast. Überlege dir dann anhand der unten angefügten Tabelle, wie du dieses Gefühl in deinen Alltag schon heute integrieren kannst.

Überlege dir zuerst: **Welche Menschen geben dir in deinem Umfeld das Gefühl, was du dir wünschst und welche nehmen dir genau dieses Gefühl?** Welche Menschen unterstützen dich dabei, deine Träume zu realisieren, geben dir Mut, Kraft, Selbstvertrauen oder lassen dich einfach nur Leichtigkeit und Freude fühlen? Welche Menschen bringen dir Wertschätzung entgegen für das, was du bist und welche Menschen inspirieren dich zu mehr in deinem Leben? Das können auch Gruppen von Menschen sein, die vielleicht schon in der Energie sind, nach der du suchst. Wenn du dich selbstständig machen möchtest, schließe dich vielleicht einem Unternehmerinnen-Stammtisch an. Da sind Menschen, die bereits in der Energie sind, die du dir wünschst. Wo halten sich die Menschen auf, die dein Wunsch-Lebensgefühl bereits haben?

Und ganz nebenbei: Halte dich bitte fern von Pessimisten und Jammerern. Sie hemmen dich in deinem Wachstum, mit ihnen erreichst du nie dein volles Potenzial.

In welchem Umfeld und an welchen Orten fühlst du dich bereits so, wie du dich in Zukunft fühlen möchtest? In welchen Situationen kommst du deinem Sehnsuchtsgefühl bereits richtig nahe?

Welche Aktivitäten oder Orte bringen dich und deinen Körper in den Zustand, der deinen Wünschen entspricht? Das kann ein Ausflug in die Natur sein, der dich inspiriert.

Ich habe zum Beispiel einen Reise-Newsletter abonniert, damit ich immer wieder daran erinnert werde, auch mal Urlaub zu machen. Ich nehme mir dann bewusst ein paar Minuten und stelle mir meine nächste Reise vor und was ich dort alles brauche, damit meine momentane Sehnsucht gestillt wird. Wenn du dich persönlich weiterentwickeln möchtest, könntest du dir passende Podcasts zu deinem Thema anhören. Oder einen für dich interessanten Youtube-Channel abonnieren. Es gibt heute so unendlich viele Möglichkeiten, um sich über seinen Horizont hinaus inspirieren zu lassen. Vielleicht lassen dich auch Dinge wie in die Sauna gehen,

Yoga, in der Natur sein oder Laufen so fühlen, wie du es dir wünschst.

Oder gibt es bestimmte Dinge, die das gewünschte Gefühl in dir auslösen? Wenn du zum Beispiel eine tiefere Verbindung zu deiner Spiritualität haben möchtest, dann kannst du als deinen Anker zum Beispiel einen Platz zum Meditieren einrichten, eine Figur oder ein Bild aufstellen, die dich daran erinnern.

Benenne die einzelnen Punkte bitte so konkret wie möglich und integriere sie dann in deinen Alltag. Verabrede dich mit Menschen, die in dir das gewünschte Gefühl erzeugen. Schreibe dir dafür Termine in deinen Terminkalender, damit du es auch wirklich tust.

Ein Beispiel, wie die oben erwähnte Tabelle aussehen könnte:

| | Gefühl 1 | Gefühl 2 | Gefühl 3 |
	Freiheit	Freude	Liebe
Menschen/Umfeld	mit Nadia ausgehen	...	...
Situationen	Blick vom Berggipfel		
Orte	Natur		
Objekte	Foto vom Meer		
Aktivitäten	Joggen im Wald		

 **Affirmation**

> *„Was kann ich anderes wählen,*
> *das mich besser fühlen lässt?"*

Bitte suche bei dieser Frage nicht nach einer konkreten Antwort, sondern sieh sie mehr als Eröffnung neuer Möglichkeiten. Dein Unterbewusstsein soll sich auf die Suche nach der Antwort begeben und deine Energie entsprechend einstellen, damit sich die Antwort im Außen zeigen kann. Verschwende also an die Lösung keinen Gedanken — das kann dein Unbewusstes besser beantworten. Außerdem funktioniert es im Unterbewussten schneller, da sich dein Verstand und dein Ego dann nicht einmischen.

Morgen-Übung

Schreibe dir deinen Wunsch dreimal in dein Buch.

Herz-Meditation

Dann nimm dir bitte vor dem Schlafengehen noch zehn Minuten Zeit, um zu meditieren. Spüre deinem Wunsch nach, als wäre er schon Realität. Konzentriere dich nach der Meditation noch einmal auf deinem Wunsch und spüre ihm mit allen Sinnen nach.

Begib dich anschließend innerlich auf eine Reise, auf der du dich mit den Menschen, Orten, Situationen, Dingen und Aktivitäten verbindest, die dich so wie in deiner Wunschvorstellung fühlen lassen. Du findest die Meditation auf der Webseite, sodass du sie dir jeden Abend anhören kannst.

https://www.kubigcoaching.de/blog/transformation-leicht-gemacht.html

Tag 13: Der schnellste Weg, dich wohlhabend zu fühlen

Der schnellste Weg, dich wohlhabend zu fühlen und damit mehr Geld in dein Leben zu ziehen, ist, dich jetzt schon so zu fühlen, als wärst du reich.

Für die meisten unserer Wünsche benötigen wir Geld. Geld ist das energetische Mittel, mit dem du dir viele deiner Wünsche erfüllen kannst. Nicht alle — aber eben viele. Geld ist der in Energie ausgedrückte Wert, den du dir im Leben selbst gibst.

Welchen Lifestyle gönnst du dir im Moment in deinem Leben? Basic? Mittelklasse? Oder lebst du bereits nach dieser Definition ein „First-Class-Leben", das keine Wünsche offenlässt? Konkret heißt das: Erlaubst du dir denn schon, Geld in dein Leben einzuladen? Schwingst du gefühlsmäßig bereits auf dem Lifestyle-Level, den du dir ersehnst?

Ganz ehrlich: Wie viel Zeit nimmst du dir regelmäßig, also täglich oder wöchentlich, nur für dich und dein Wohlergehen, einfach, weil es dir Freude macht? Wie viel Zeit investierst du in dich und deine Weiterentwicklung, in deine Zukunft, deine Spiritualität, deinen Körper und deine Gesundheit?

Sorge für dich und deinen Körper in Form von Sport und guter Nahrung. Schaffe dir ein schönes Wohnumfeld. Verwöhne dich und deinen Körper, denn damit ehrst du ihn und dankst ihm dafür, dass er dir jeden Tag dient. Verwöhne ihn mit Bädern, Bewegung, ausreichendem Schlaf, genügend Flüssigkeit, guter Nahrung, Massagen und allem, was ihm guttut.

Umgib dich mit dem Menschen, die dazu beitragen und dich bei der Umsetzung deiner Wünsche unterstützen. Sei in jedem Moment achtsam, welche Gedanken du denkst. Trenne dich von allem, was dir nicht guttut oder für dich einfach nicht mehr funktioniert. Sei täglich konsequent darin. Es geht um dich.

Wenn du Großes bewegen möchtest, solltest du auch groß denken und dich bereits groß fühlen. Wenn du zum Beispiel vorhast, dich selbstständig zu machen, bedarf es eines höheren Einsatzes von dir. Um große Dinge zu erreichen, brauchst du das entsprechende Mindset mit dem passenden Gefühl. Um es dir leichter zu machen, habe ich es mal in drei Klassen unterteilt in – Basic, Mittelklasse und „first class". Keine Klasse soll hier besser oder schlechter sein.

Übung 1, Tag 13

Wie viel bist du dir wert?

Es geht darum: Ist das, was du gerade lebst auch das, was du vom Leben möchtest? Falls nicht, kann dir diese Übung helfen, zu klären, wo du gerade stehst und wo du dich vielleicht noch hin entwickeln möchtest.

Bist du bereit, großzügig zu dir selbst zu sein?

Schritt 1: Basic, Mittelklasse oder doch first class?

Mach dir bitte erst mal deine Gefühle klar: Wie fühlst du dich in den folgenden Bereichen? Spüre dich einmal in folgende Fragen ein:

➤ Wie kleidest du dich?

  ○ Trägst du abgelaufene Schuhe, kaputte Unterwäsche, Jogginghosen mit Löchern oder leistest du dir gern neue Kleidung?

➤ Wie behandelst du deinen Körper?

- ○ Verwöhnst du ihn mit Massagen, Sport, Check-ups beim Arzt, ausreichend Schlaf, Kosmetikbehandlungen, Friseurbesuchen?
- ➤ Wie ernährst du dich?
    - ○ Bioprodukte oder Fastfood? Selbstgekochtes oder Fertigprodukte?
- ➤ Wie wohnst du?
    - ○ Ist es aufgeräumt? Hast du noch kaputte Ikea-Möbel aus Studentenzeiten? Schläfst du in schmutziger Bettwäsche? Wie viele unerledigte Haufen liegen bei dir rum? Wie viele noch nicht montierte oder reparierte Möbel?
- ➤ Deine Gesundheit?
    - ○ Hast du viel Energie oder bist du eher kränkelnd und schwächelnd?
    - ○ Nimmst du dir täglich Zeit für deine seelische und körperliche Gesundheit?
    - ○ Wie verbringst du deine Freizeit? Vorm Fernseher, lesend oder beim Yoga?
- ➤ Welche Qualität hat dein Umfeld?
    - ○ Unterstützen dich deine Freunde und deine Familie oder halten sie dich klein?
- ➤ Wie sieht dein Auto aus?
    - ○ Ist es außen und innen sauber oder eher unaufgeräumt und schmutzig?
- ➤ Was tust du, um dich persönlich und spirituell weiterzuentwickeln?
    - ○ Besuchst du Seminare, Weiterbildungen, Coa-

chings, Yogakurse oder meditierst du regelmäßig?

Hand aufs Herz — fühlst du dich in den oben genannten Bereichen eher Basic, Mittelklasse oder „first class"? Wenn du mehr Geld in dein Leben ziehen möchtest, solltest du sofort damit beginnen, dir ein Umfeld zu schaffen, in dem du dich erstklassig fühlst, denn nur dann ziehst du auch „first class" an. Dazu brauchst du keine Unsummen an Geld, sondern vielmehr die richtigen Fragen: Wie viel bist du dir wert und wie viel investierst du in dich und dein Wohlergehen?

Schritt 2: Wo stehst du im Moment?

Gehe die oberen Punkte jetzt einmal für dich durch und bewerte für dich, ob du eher Basic, Mittelklasse oder „first class" aufgestellt bist. Schreibe eine Liste mit Dingen, an denen du im Moment noch erkennst, dass du dich noch Basic oder Mittelklasse fühlst, so, als würdest du auf Sparflamme leben, kurz: was du künftig ändern möchtest.

Schritt 3: Was du heute verändern kannst, um dich „first class" zu fühlen.

Wenn du mit deiner persönlichen Liste fertig bist, geh doch bitte mal gedanklich durch dein Leben und suche dir Dinge aus der Liste, mit denen du dich wohler oder besser fühlen würdest und die dir vielleicht dieses „first-class-Gefühl" vermitteln würden.

Wenn es dir dieses Gefühl vermittelt, in wunderschöner Bettwäsche aufzuwachen, dann geh gleich los und kaufe dir schöne Bettwäsche. Oder putze dein Auto, damit du dich wieder wohl fühlst. Entsorge das kaputte Regal, um wieder gern zu Hause zu sein und dich in deinem Umfeld wohl zu fühlen. Buche dir eine Massage und verwöhne deinen Körper, um ihn zu entspannen. Oder gehe zum Friseur und lass dir die Haare frisieren, um dich schön zu fühlen. Kaufe dir einen Lippenstift, mit dem du dich besonders sexy fühlst und gehe dann mit einem besonders lieben Menschen — der dir ein gutes Gefühl gibt — einen Prosecco trinken, um zu zelebrieren, wie besonders, wertvoll und einzigartig du bist.

Es gibt viele Möglichkeiten ... Such dir nur eine einzige Sache heraus und setze sie noch heute um. Ich möchte, dass du dich bereits jetzt selbstbewusster und wohler mit dir fühlst.

 **Deine Affirmation für heute**

> *„Ich erlaube mir, die Fülle zu leben, um mich zu jeder Sekunde des Tages erstklassig zu fühlen."*

Morgen-Übung

Schreibe dir deinen Wunsch dreimal in dein Buch.

Herz-Meditation

Nimm dir bitte vor dem Schlafengehen noch zehn Minuten Zeit, um zu meditieren. Spüre deinem Wunsch nach, als wäre er schon Realität. Gern kannst du dir auch die Meditation auf meiner Webseite anhören:

https://www.kubigcoaching.de/blog/transformation-leicht-gemacht.html

Konzentriere dich nach der Meditation noch einmal auf deinen Wunsch und spüre ihm mit allen Sinnen nach. Begib dich anschließend innerlich auf eine Reise, auf der du dich mit den Menschen, Orten, Situationen, Dingen und Aktivitäten verbindest, die dich so wie in deiner Wunschvorstellung fühlen lassen.

Tag 14: Sei schon jetzt dankbar!

Schon jetzt für etwas dankbar zu sein, das sich noch nicht im Leben manifestiert hat, setzt eine besondere Kraft in dir und im Universum frei. Da Zeit relativ ist, erhöhst du damit die energetische Sogwirkung für das, was du dir wünschst. Wenn du auf Wohnungssuche bist, sag dir also bereits jetzt: „Danke für die wunderschöne Wohnung!" Ein solcher Dank bewirkt, dass das Universum genügend Möglichkeiten und finanzielle Mittel zur Verfügung stellt und damit ermöglicht, dass sich dein Wunsch materialisieren kann. Ich weiß, das hört sich vielleicht erst einmal etwas seltsam an, aber experimentiere doch bitte mal selbst damit! Du wirst merken, wie kraftvoll es sich anfühlt, bereits jetzt schon dankbar für Dinge zu sein, die noch gar nicht in deinem Leben sind. Das Universum dient dir stets mit dem, was du dir wünschst.

Die Energie der Dankbarkeit

Dankbarkeit besitzt eine besonders hoch schwingende Energie. Und die hat eine starke Anziehungskraft auf alles, was du dir bereits jetzt in Dankbarkeit visualisierst. Dankbarkeit ist das Gegenteil von Angst, Zweifel, Mangeldenken oder Opferdasein. Wer dankbar ist, befindet sich auf Augenhöhe mit dem Universum und hat ein Anrecht, Dinge einzufordern. Wenn du Dankbarkeit spürst, öffnet sich ein Feld mehrerer positiver Gefühle wie Liebe, Freude und Leichtigkeit. Mit Dankbarkeit setzt du eine Reihe positiver Gefühle frei. Dankbarkeit ist zusammen mit Liebe die höchst schwingende Energie, in der nichts Negatives mehr Raum hat. Dankbarkeit ist das stärkste Resonanzfeld, das du in dir erzeugen kannst, um jene Dinge, die du dir wünschst, in dein Leben zu ziehen.

Versuch doch bitte heute allem, das dir begegnet und passiert, mit Dankbarkeit zu begegnen. Nimm nichts, was dir in deinem Leben Gutes geschieht, als selbstverständlich hin, sondern versuche, echte Dankbarkeit für jedes Geschenk zu empfinden, das dir im Alltag begegnet. Wenn du zum Beispiel jeden Morgen mit dem Bus fährst, dann sei dankbar, dass so etwas überhaupt möglich ist. Sei dankbar für die Infrastruktur und die Erfindung des Busses, die es dir ermöglicht, einfach Platz zu nehmen (oder zu stehen ...) und noch einen Moment in meditativer Stille versinken zu können, bevor du arbeitest. Sei dem Busfahrer dankbar, dass er dich fährt und für den Sitz, der für dich frei ist.

Danke der Lehne, an die du dich entspannt zurücklehnen kannst und wenn du keinen Platz findest, der Stange, an der du dich festhalten darfst ...

Lass deine Dankbarkeit in die Dinge fließen und dehne sie noch über die Dinge hinaus aus, sodass du eine Wolke der Dankbarkeit um dich herum hast. Du wirst erstaunt sein, wenn du so achtsam durch die Welt läufst, wie viele neue Dinge du sehen wirst und wie viel positive Energie zu dir zurückkommt.

Übung 1, Tag 14

Mache dir eine Liste von zehn Dingen, für die du wirkliche Dankbarkeit fühlst.

Zum Beispiel: „Ich bin dankbar dafür, dass meine Freundin Zeit hatte, einen Kaffee mit mir zu trinken."

Sei dankbar für deine Freundschaften, für dein warmes Bett, für einen leckeren Tee, für deine Wohnung, deine Beziehung, ...

1.

2.

_____

3.

_____

4.

_____

5.

_____

6.

_____

7.

_____

8.

_____

9.

_____

10.

_____

 **Deine Affirmation für heute**

> *„Ich bin dankbar für … (trage hier bitte deinen konkreten Wunsch ein, so als wäre er bereits Wirklichkeit.)"*

Gewöhne dir an, ab heute bei allem, was du vorhast, bereits vor der Umsetzung für das Endresultat dankbar zu. Damit erhöhst du deine Energie der Anziehung enorm.

Morgen-Übung

Schreibe dir deinen Wunsch dreimal in dein Buch.

Herz-Meditation

Nimm dir bitte vor dem Schlafengehen noch zehn Minuten Zeit, um zu meditieren. Bedanke dich dafür, auch wenn dein Wunsch noch nicht da ist, so als wäre er bereits Realität. Lass die Energie der Dankbarkeit schon jetzt in diese Dinge hineinfließen und spüre, wie sie dadurch magisch angezogen werden.

Gern kannst du dir die Meditation auf meiner Webseite anhören:

https://www.kubigcoaching.de/blog/transformation-leicht-gemacht.html

Energie und Bewusstsein

*„Wenn du das Geheimnis
des Universums entschlüsseln
möchtest, musst du anfangen,
in Energien, Frequenzen und Vibrationen
zu denken."*

Nicola Tesla

Die dritte Woche beginnt

Tag 15 bis 21: Energie und Bewusstsein

Bewusstsein ist die Kraft, um dein Leben in ein besseres zu transformieren. Durch dein Bewusstsein kannst die Energie erzeugen, um alles, was du dir wünschst, in dein Leben zu ziehen. Durch dein Bewusstsein kannst du auf dein gesamtes System einwirken und auf alles Einfluss nehmen. „Dein System", damit meine ich das Konzept von Körper-Seele-Geist, sowie deine Meridiane und Chakren und all die unsichtbaren Energiekörper, aus denen du bestehst. Bewusstsein bedeutet, deinen Geist fokussiert auf das zu lenken, was du wirklich haben möchtest und zukünftig für dich sein soll. Es geht darum, dein Leben nicht mehr laufen zu lassen, sondern dir dein Leben nach deiner Vorstellung zu gestalten. Auch, wenn „dein System" zu etwa 98 Prozent unbewusst läuft, hast du dennoch zwei Prozent, mit denen du dein Leben bewusst steuern kannst.

Was ist Bewusstsein ganz genau? Ich versuche mal, es anhand von einem Beispiel zu erklären: Stell dir vor, du sitzt in einem Auto, vor dir auf der Straße liegt deine Zukunft und hinter dir deine Vergangenheit. Das Auto stellt deinen Körper dar, der dich von A nach B bringt. Du lenkst das Auto mit deinem Bewusstsein und sagst ihm, wohin es gehen soll. Dein Auto steuert dorthin, worauf du dich fokussierst.

Wenn du nun die Fahrt unbewusst laufen lässt, dann könnten alle Ansichten und Bedenken aus deiner Vergangenheit auftauchen wie etwa: Stau, Unfall, Angst vor der Fahrt, die Sorge, dein Auto könnte kaputt gehen ... also alles, was mal in deiner Vergangenheit schiefgelaufen ist. Du bist dann mit deinem Fokus im Negativen und verlierst dein Ziel aus den Augen.

Wenn du mit den zwei Prozent Bewusstsein fährst, dann kannst du auf der Fahrt das Erleben dorthin steuern, wohin du es haben möchtest. Mit deinem Bewusstsein kannst du die Entscheidungen des Verstands abwägen. Du entscheidest also bewusst, welche Abfahrt du wann nehmen möchtest und wohin es gehen soll und wie diese Fahrt für dich sein soll.

Mit Bewusstsein Auto zu fahren, ist so, als ob du die Hände am Lenkrad hättest und die Richtung deines Lebens bestimmen könntest. Wenn du ohne Bewusstsein durch dein Leben fährst, ist es, als ob du die Hände weg vom Steuer in die Höhe streckst und mal schaust, was passiert und wo du rauskommst. Ich möchte, dass du nicht mehr aus Versehen im Graben landest, sondern dorthin kommst, wo du sein möchtest.

Aus diesem Grund zeige ich dir in dieser Woche einige Möglichkeiten, wie du genau mit diesen zwei Prozent deines Bewusstseins in Kontakt kommst. Ich gebe dir mit den Übungen das Lenkrad in die Hand, um dein Leben bewusst zu gestalten. Aber erst mal zum theoretischen Teil:

Nur ein geringer Teil von dem, was um dich herum passiert, ist für dein Auge sichtbar. Die meisten von uns stellen sich ihren Körper als etwas Getrenntes von der Welt vor und glauben, dass sie nur das sind, was sie sehen — aber weit gefehlt: "Jede Materie ist zu 99,999.999.999 Prozent Masse leeren Raumes", hat Dr. Ulrich Warnke festgestellt. Das heißt, du bist viel mehr Energie und damit viel weniger fester Körper und Materie, als du vermutlich bisher gedacht hast. Dein Körper ist lediglich verdichtete Materie mit ein paar sich bewegender Teilchen, Atomen und Molekülen und ganz viel Raum dazwischen (bitte hab' Verständnis, dass ich an dieser Stelle nicht näher auf die Quantenphysik eingehe. Es gibt aber viel gute Literatur darüber. Oder schau dir mal den Film „What the Bleep Do We (K)now?" von Betsy Chasse an).

Du wie auch alles andere, was existiert, wir alle sind aus denselben Teilchen, Atomen und Molekülen entstanden. Du bist ein energetisches Wesen und mit allem verbunden, was ist oder — noch genauer gesagt: Du bist ein Teil von allem, was ist. Oder wenn ich noch weiter gehe: Du bist ein Teil des Universums (oder Gottes — je nachdem, wie du es für dich nennen möchtest). Du besitzt die Schöpferkraft Gottes. Dadurch bist du in der Lage, im Raum mit allen anderen Quanten und Molekülen auf der Welt direkt Kontakt aufzunehmen und daraus Materie zu erschaffen. Durch deine gedankliche Fokussierung hast du die Fähigkeit, auf Materie einzuwirken und setzt auf Teilchenebene deinen Wunsch in Bewegung.

Die Energie ist das, was in deinem Körper geschieht, wenn du denkst und woraus dann ein Gefühl entsteht. Dein Körper ist sozusagen der Resonanzkörper für deine Energie. Du hast die Fähigkeit, über die Synchronizität deiner Gefühle und Gedanken eine Energie zu erzeugen, um das in dein Leben zu ziehen, was du dir wünschst — zu deinem Traumurlaub, deinem Traumhaus, deinem zukünftigen Partner oder dem Seinszustand, den du dir wünschst. Denn das leise, innere Sehnen im Herzen, das du wahrnimmst, existiert bereits im Universum. Es ist eine Realität, die du wählen kannst, wenn du sie denn wählen willst. Du bist niemals von etwas getrennt — weder von der Fülle im Universum noch von deinem Potenzial.

Du kannst Energie besonders gut spüren, wenn du dich mit dir nahestehenden Menschen verbunden fühlst. Du kennst das bestimmt auch: Du greifst zum Telefon und willst eine Freundin anrufen und im selben Moment ruft sie dich an. Oder wenn irgendwo auf der Erde ein Unglück passiert, reagieren Tiere oft schon im Vorfeld und flüchten. So wurde zum Beispiel schon vor dem Einschlag des Flugzeugs in den ersten Tower am 11. September 2001 von Wissenschaftlern eine Energieerhöhung rund um den Erdball aufgezeichnet. Tiere laufen bereits weg und sind beunruhigt, bevor wir etwas bewusst mitbekommen. Aber du bist ein bewusstes Wesen, das schon jetzt viel mehr mitbekommt, als das, was du mit deinen Augen siehst. In Fülle leben zu können, ist kein Zufall. Die Fülle oder der Mangel, in denen du derzeit lebst, entsprechen lediglich der Energie, in der du gerade schwingst — das bedeutet: Sie spiegeln die Ansicht wieder, die du von deinem Wunsch hast und wie viel du dir selbst erlaubst zu besitzen. Wenn du in einen Raum mit anderen Menschen trittst, spürst du oft, welche Stimmung dort gerade herrscht. Verbinde dich genau mit diesem wissenden, bewussten Teil, der mit allem verbunden ist und der die schöpferische Fähigkeit besitzt, alles zu verändern.

Wir sind ständig mit dem Außen beschäftigt, um darauf zu reagieren, anstatt uns als das energetisch schöpferische Wesen zu begreifen, das jeder von uns tatsächlich ist. Wenn du aufhörst, mit deinem Verstand im Außen eine Lösung finden zu wollen und dich stattdessen nach innen wendest, können sich diese Türen auch außen öffnen.

Tag 15: Wünsche durch Bewusstsein realisieren

Hallo!

Die dritte Woche wird für dich vielleicht eine ganz außergewöhnliche Woche werden, da sie sich mit all den unsichtbaren Kräften um uns herum beschäftigt: spannend und magisch zugleich. Und so kraftvoll, dass diese Kräfte lange vor uns geheim gehalten worden sind. Stell dir vor, wie du wirklich Herr über die Energie wirst, aus der du bestehst. Wie auch alles andere aus eben dieser Energie besteht. Jeder Mensch besitzt die Fähigkeit zum Schöpfer seines Lebens zu werden: „Es geschieht nach deinem Willen." Religionen haben uns lange über Regeln und Gebote erklärt, dass uns nur durch sie Erleuchtung und Heilung widerfahren könne. Das war es aber nie, was die „heiligen Lehrer" wie etwa Jesus meinten. Ganz im Gegenteil. Die Wahrheit ist, dass jedem von uns ein göttlicher Funke innewohnt, durch den wir Heilung, Ganzheit und Schöpferkraft besitzen, wenn wir uns wieder daran erinnern. Du brauchst niemanden — nur dich selbst. Alles ist in dir.

Durch die Fähigkeit, das Bewusstsein in den Entstehungsprozess einzubeziehen, entwickelst du deine Visionen und lenkst sie in die Richtung, in die du gern gehen möchtest. Du bestimmst, was in deinem Leben geschieht, wie du fühlst und wie dein Leben aussehen soll. Du gestaltest bewusst dein Leben nach deinen Vorstellungen.

Du glaubst, das passiert einfach so und wäre reiner Zufall? Nein! Das ist es nicht. Genau daran möchte ich mit dir in der dritten Woche arbeiten. Es geht darum, in die für uns unsichtbare Matrix einzutauchen und mit den Molekülen und Energien zu spielen.

Jeder Gedanke, jedes Gefühl und innere Bild erzeugen in deinem Körper eine Energie, die formbildende Kräfte freisetzt. Alles, worauf du dich konzentrierst, ist die Vorlage, die in der Realität sichtbar wird. Bevor sich etwas materialisiert, ist es erst einmal reine Energie, die nur durch den Fokus deiner Gedanken und Gefühle zur Materie wird.

Du hast die Wahl! Um wie viel leichter könnte dein Ziel erreichbar sein, wenn du deine Energie bewusst auf dein Ziel hin ausrichtest?

Du kennst wahrscheinlich auch die Übung aus „Bestellung beim Universum" von Bärbel Mohr. Sie bat in diesem Buch in einer Übung ihre Leser darum, sich einen geeigneten Parkplatz beim Universum zu bestellen. Du hast bestimmt auch schon mal davon gehört, es vielleicht selbst ausprobiert oder von anderen gehört, dass es wirklich funktioniert hat. Warum funktioniert das ausgerechnet mit Parkplätzen so gut? Ganz einfach: Weil du hier viel weniger eigene Ansichten hast, als bei den großen Dingen im Leben. Durch das Visualisieren entsteht eine Energie, die auf Quantenebene die Realität verändert. Und genau darin üben wir uns in der dritten Woche mit ganz praktischen Übungen.

Doch zunächst beschäftigen wir uns am ersten Tag dieser Woche noch einmal mit dem Zugang zu deinem Inneren – zu deinem Bewusstsein. Ein sehr guter Weg dorthin ist die Meditation: Innehalten in der Stille. Aus diesem Grund hast du dich bis jetzt auch jeden Abend in Meditation geübt. Denn je öfter du meditierst desto leichter kannst du Kontakt zu deinem Inneren aufnehmen. In deinem Inneren erhältst du Antwort auf alles und Zugang zu allem.

Deine neue Abend-Meditation für die dritte Woche ist die Wunsch-Meditation. Du hast in der letzten Woche gelernt, deinen Wunsch zu visualisieren und im Herzen zu spüren. Diese Woche gehen wir noch einen Schritt weiter. In dieser Meditation kannst du lernen, die Energien deines Wunsches so zu lenken und auf das auszurichten, dass du beginnst, durch Synchronizität Energien anzuziehen. Diese Meditation wird wahrscheinlich eine für dich vollkommen neue Herangehensweise sein, die etwas Übung braucht. Wie immer, findest du auch diese Meditation wieder auf meiner Webseite, wo du sie gern anhören kannst:

https://www.kubigcoaching.de/blog/transformation-leicht-gemacht.html

Die Wunsch-Meditation

Beginne, dich zu entspannen, so wie du es in der ersten Woche gelernt hast ...

Schalte alle Störquellen aus. Komm in eine entspannte Haltung, schließe deine Augen, beginne, dich selbst fühlen und nun konzentriere dich auf deinen Atem.

Atme ganz normal und spüre, was der Atem in deinem Körper macht. Nimm für einen Moment wahr, wie du ein- und ausatmest und lass dich von deinem Atem tief in dein Inneres tragen.

Beobachte deine Gedanken ohne dich auf sie einzulassen oder irgendetwas mit ihnen zu machen. Bleib neutraler Beobachter. Lass sie kommen und wieder gehen. Wie Wolken am Himmel kommen und gehen. Versuche dabei, die Momente von Gedankenfreiheit wahrzunehmen und auszudehnen.

Dehne die Stille in dir immer mehr aus und lass dich von der Stille in dein Herz tragen.

Nimm dein Herz wahr und wie es entlang der Wirbelsäule nach oben hin mit dem Universum verbunden ist. Und spüre auch, wie dein Herz entlang der Wirbelsäule nach unten hin durch die Beine und Füße mit der Erde verbunden ist. Stell dir vor, wie du über deine Füße tief in der Erde verwurzelt bist und wie du dich nach oben hin bis in die Unendlichkeit und noch darüber hinaus ausdehnst. Spüre in deinem Herzen die Liebe, die du bist.

Spüre, wie von oben und unten Energie des Universums in dich einströmt und du die Energie gleichzeitig nach oben und unten wieder abgibst. Du empfängst und sendest gleichzeitig und bist darüber hinaus mit allem verbunden, was ist. Entlasse alle Begrenzungen, Verletzungen, Zweifel und Ängste aus deinem Herzen. Lass los und spüre, wie du mit jedem Loslassen leichter, freier und offener wirst.

Dann öffne dein Herz — das Tor zu dem, was tatsächlich ist, war und sein wird — und dehne dich auch hier über deinen Körper hinaus aus: über deine Stadt — über dein Land — deinen Kontinent — über die gesamte Erdkugel bis die Unendlichkeit des Universums und noch darüber hinaus. Spüre die Dankbarkeit all den Dingen gegenüber, die du schon erreicht hast. Die du bereits liebst. All die Dinge in deinem Leben, die gut gelaufen sind. Für alle Menschen, für die du dankbar bist. Für Begegnungen, denen du viel verdankst. Spüre die Dankbarkeit, jetzt hier zu sein.

Und nun stell dir vor, da ist eine höhere Kraft im Universum, die dich bei allem unterstützt. Die dich trägt. Es macht keinen Unterschied, welcher Religion du angehörst, ob du überhaupt an etwas glaubst oder nicht. Spüre die Kraft, die dich umgibt. Du bist mehr als dein Körper. Dein Bewusstsein ist größer als dein Körper. Dein Bewusstsein ist in Verbindung mit allem, was ist.

Nimm nun über dein Herz Kontakt zu deinem Wunsch auf. Spüre deinem Wunsch nach als wäre er bereits Realität. Sieh dich selbst darin und spüre, wie sich das mit allen Sinnen anfühlt. Schau dich um, was du siehst, was du tust, wer du bist. Wie du deinen Wunsch innerlich ganz deutlich wahrnehmen kannst, wenn du ihn fühlst, riechst, schmeckst, hörst und siehst.

Sei schon jetzt für deinen Wunsch dankbar, so, als wäre er bereits Realität, mit dem festen Glauben daran, das alles genauso eintreffen wird, wie du dir das wünschst. Sei bereits das, was du dir wünschst — und sei dankbar für das, was dann ist. So entsteht ein magnetisches Feld der Anziehung und der Energie, die du zur Erschaffung deines Wunsches heranziehst. Stell dir vor, wie die Energie deines Wunsches in einen Ball fließt, den du vor deinem Herzen hältst. Der Ball enthält die exakte Blaupause deines Wunsches. Sende nun die Energie deines Wunsches aus diesem Ball und sieh, wie auf Molekülebene die Teilchen sich zu bewegen beginnen. Spüre, wie die Teilchen deines Wunsches magnetisch mit der Entsprechung ihrer Energie in Resonanz mit dem Universum gehen. Stell dir vor, wie alles, was du dir wünschst, bereits im Universum vorhanden ist. Sieh, wie dein Wunsch über die Synchronizität beginnt, alles was ihm entspricht in deine physische Welt zu ziehen: Menschen, Situationen, Begegnungen, Erfolg, Geld, Liebe, Gesundheit, Erfüllung. Sieh, wie alles um dich herum sich zu verändern beginnt, so, wie es deinem Wunsch entspricht. Und sende gleichzeitig Energie zu den Menschen, Orten und Möglichkeiten, die es braucht, um deinen Wunsch zu materialisieren.

Alles, was du zu deiner Wunscherfüllung brauchst, entsteht und entwickelt sich in diesem Moment. Ziehe immer mehr Energie aus dem Universum in deinen Wunsch hinein. Alles, was er noch braucht, um sich zu materialisieren. Sieh und fühle den Raum, in dem sich die Energie des Wunsches zu manifestieren beginnt. Die Frage ist nicht, wie das eigentlich geht. Wichtig ist allein der Glaube daran, dass es jetzt geschieht.

Wenn du spürst, dass dein Wunsch alles bekommen hat, was er braucht, um in deine physische Welt gezogen zu werden, nimm die Kugel deines Wunsches wieder in dein Herz auf und verbinde dich mit allen Teilchen und Molekülen, die dein Wunsch gezogen hat.

Nimm über den Atem wieder Kontakt zu deinem Körper auf und komm mit deiner Aufmerksamkeit ins Hier und Jetzt zurück.

 Deine Affirmation heute

„Ich bin frei. Ich bin immer mit allem, was ich brauche, versorgt. Ich öffne mein Herz für die universelle Fülle."

Morgen-Übungen

Schreibe dir deinen Wunsch dreimal in dein Buch.

Zusätzliche Morgen-Übung: Bitte nutze ab der dritten Woche den Moment des Aufwachens, um dich energetisch mit deinem Wunsch zu verbinden, also noch bevor du die Augen öffnest und richtig wach bist. Bei mir ist das der Moment, in dem der Wecker das erste Mal klingelt und ich auf die Schlummertaste drücke. In den kommenden sieben Minuten (bis der Wecker erneut klingelt) fühle ich das, was ich haben möchte, so real, als hätte ich es schon erreicht. Und ziehe es energetisch in mein Leben.

Nutze diesen kreativen Zustand ab heute, denn zu diesem Zeitpunkt befindest du dich noch auf der Thetafrequenz, die du sonst nur durch Hypnose erreichst. Diese Frequenz ist ein sehr effektiver Zustand, um sich auf ein neues Level zu schwingen und das Unbewusste neu zu programmieren.

Extra-Tipp

Das Zauberwort lautet auch hier wieder: Tun. Lass dich einfach auf die Meditation ein und probiere es jeden Tag aufs Neue aus. Du kannst auch in deinem Alltag meditieren, beispielsweise, wenn du in der Bahn sitzt, im Wartezimmer oder überall da, wo du Zeit findest. Ziehe während du meditierst die Energie in dich, die du gerade benötigst. Du weißt ja: Dieses Buch einfach nur durchzulesen, reicht nicht, denn damit hast du das Wissen noch lange nicht integriert und umgesetzt.

Tag 16: Zieh Energie aus deinen Wünschen

Okay — wenn du immer noch Fragezeichen im Kopf hast, wie das jetzt genau geht mit dem Energieziehen, dann steigen wir jetzt etwas tiefer ein.

Ich zeige dir eine Übung, mit der ich selbst auch sehr oft arbeite. Zunächst ist es aber wichtig, die Energie, die du da ziehen möchtest, genau zu kennen. Hier geht es weniger um das genaue Abbild deines Wunsches (das würde dich zu sehr einschränken), sondern viel mehr um das Gefühl, beziehungsweise um die Energie, die es in dir auslöst.

Energetischen Kontakt stellst du über dein inneres Bild und entsprechend aufgeladene Gefühle her, die sich im Körper augenblicklich einstellen, wenn du dir deinen Wunsch vorstellst. Durch deine positiven Gefühle, die Vorfreude und dein Vertrauen werden sie zusätzlich aufgeladen und dein Wunsch bekommt dadurch die nötige Schubkraft. Das, was du dann wahrnimmst, ist die Energie deines Wunsches, zu der du einfach Kontakt aufnimmst, indem du deine Aufmerksamkeit auf sie lenkst.

Dein Herz als Resonanzfeld

Dein Herz bildet das größte und stärkste Resonanzfeld in dir. Dieses Feld geht weit über deinen Körper hinaus und steht energetisch in Verbindung mit allem, was ist. Im Schöpfungsprozess steht dein Herz in Verbindung mit deiner Zirbeldrüse, die wiederum in direkter Verbindung mit deinem spirituellen Sein steht. Du musst noch nicht mal wissen, wie das genau funktioniert, um es anzuwenden.

Übung 1, Tag 16

Wie du Energie ziehst

Ich erkläre es dir anhand eines Beispiels: Gehen wir noch einmal davon aus, dass du eine Wohnung suchst. Diese Wohnung soll dir ein Gefühl von Freiheit und Geborgenheit geben, soll dich voller Erleichterung durchatmen lassen und dir ein Lächeln auf das Gesicht zaubern. All deine Widerstände sind bereits aus dem Weg geräumt, dass du absolut darauf vertraust, deinen Wunsch realisieren zu können – in dir sollte das Gefühl von: „Ja! Das möchte ich! Das schaffe ich!" vorherrschen.

(Minimale Restzweifel von bis zu fünf Prozent sind übrigens völlig in Ordnung ... Wenn es aber mehr ist, solltest du bitte noch einmal die für dich wirkungsvollste Übungen aus den ersten zwei Wochen machen.)

Schritt 1: Nimm mit dem Gefühl des Wunsches energetischen Kontakt auf.

Du suchst zunächst nach dem Gefühl, das du befriedigen möchtest – beispielsweise, dass du durchatmen kannst und dich frei und geborgen fühlst. Du fühlst in deinem Inneren das vollkommene Abbild dessen, was du dir wünschst.

Versuche bitte, so eng wie möglich in Verbindung mit den Energien und dem Raum, um dich herum zu sein. Um genau das zu spüren, was deinem Gefühl gerade entspricht. Durch deine bewusst erzeugte Vorstellungskraft stellst du in deinem Inneren ein Bild her, sozusagen die Blaupause dessen, was sich dann in der Realität manifestieren soll. Es geht hier eher um das Gefühl und den Seinszustand, als um das eigentliche Endresultat.

Schritt 2: Dehne dich aus, verbinde dich mit dem Universum und bitte!

Du wirst eins mit dem Universum, denn du bist es bereits. Du wirst zu dem unendlichen Raum, der du bist. Und aus dieser Verbindung heraus bist du quasi auf Augenhöhe mit allem, was ist. Es ist in Ordnung, das in dein Leben zu ziehen, was du möchtest. Du darfst das. Gleichzeitig sendest du Energie aus, um das zu materialisieren, was du möchtest: hin zu den Quanten und Molekülen, die deinem Wunsch entsprechen. Durch die Aussendung der Energie wird sie genau zu jenen Menschen, Orten und Gelegenheiten gesendet, die es braucht, um deinen Wunsch Wirklichkeit werden zu lassen.

Schritt 3: Nimm energetischen Kontakt mit der gleichen Energie im Außen auf und beginne, diese Energie zu ziehen

Wenn du den Kontakt zur Energie deines Wunschs hergestellt hast, dann „ziehe" an ihr, als würdest du diese Energie in dein Herz einatmen, um sie dann durch deinen gesamten Körper strömen zu lassen. Ich sehe dabei immer vor meinem inneren Auge die Quanten und Moleküle in Form von kleinen Funken und ziehe sie in mein Herz hinein. Du verbindest dich mit deinem Wunsch. Es ist, als würdest du dieses Bild oder den Film nebenbei permanent am Leben halten und daran ziehen. Ich sehe mich in diesem Bild und fühle es, als ob es schon existieren würde. Mein ganzes Herz erfreut sich an dieser Vorstellung und es fühlt sich für diesen Moment so an, als wäre es bereits da. Damit sendest du die benötigte Frequenz aus, sodass das Universum alles Nötige zur Realisation deines Wunsches bereitstellen kann.

Schritt 4: Die Energie deines Wunsches empfangen

Es ist ein gleichzeitiges Senden, Sein, Ziehen und Empfangen. Alles, was dir dann im Leben begegnet, trägt zu deinem Ziel bei. Auch dann, wenn es zunächst einmal in einem komischen Gewand daherkommen sollte. Du wirst möglicherweise „zufällig" Menschen begegnen, die dir Tipps geben oder es eröffnen sich ganz neue Möglichkeiten, an die du vorher noch gar nicht gedacht hast. Oft passiert es, dass man an so machen offenen Möglichkeiten vorbeiläuft, sie übersieht und nicht als solche erkennt. Bleibe stets offen für das, was dir begegnet.

Du musst dabei nicht wissen, wie das funktioniert oder wie es entsteht oder zu dir kommt. Alles geschieht in seiner Zeit.

Anmerkung zu dieser Übung: Es kommt manchmal anders, als du denkst. Manchmal ist es so, dass du vielleicht durch die Straße gehst, in der du gerne wohnen würdest und dann im Fenster ein „Zu vermieten"-Schild mit Telefonnummer siehst. Wundere dich nie darüber, wie die Energie des Wunsches zu dir kommt. Sei aufmerksam und empfange ohne Erwartungen.

Nimm einfach achtsam wahr, was oder wer dir begegnet und frage dich, ob es das sein könnte, worum du gebeten hast. Übe dich konsequent im Empfangen. Wenn du Menschen begegnest, dann erzähle ihnen zum Beispiel, dass du eine Wohnung suchst. Vielleicht ist der Mensch, der dir da gerade gegenübersteht, ja genau die Gelegenheit, nach der du gefragt hast? Oder ein Anzeigenblatt, das auf einmal auf dem Tisch liegt? Manchmal kommt es in ganz anderer Form zu dir als gedacht. Dennoch erinnerst du dich in dem Moment an deinen Wunsch, in dem du exakt die Energie fühlst, die du dir gewünscht hast.

Und ganz wichtig: Erlaube dir, genau das anzuziehen, was du dir wünschst. Wenn ich mit Klienten arbeite, frage ich oft: „Wenn Geld keine Rolle spielen würde, was würdest du dir jetzt wünschen?" Du kannst dir gar nicht vorstellen, auf wie viel Widerstand diese Frage stoßen kann! Das geht von: „So einfach geht das aber nicht", über: „Mir wurde noch nie was geschenkt", bis zu: „Ich kann so was doch nicht einfach verlangen! Da bekomme ich ja ein ganz schlechtes Gewissen, wenn ich so viel verlange. Das ist unverschämt. Ich komme auch mit weniger aus." Hallo? Hör auf, dich auszubremsen, wenn sich doch dein Herz danach sehnt! Du darfst es fordern und du sollst es sogar! Limitiere dich niemals, sondern leg am besten sogar noch eine Schippe drauf! Mach deinen Wunsch noch größer, als du es dir im Moment erlaubst — und sei es bereits!

 Affirmation für den Tag

> *„Ich bin die Quelle von allem, was entsteht.*
> *Ich bin Schöpfer meines Lebens.*
> *Aus mir heraus entsteht meine Realität."*

Morgen-Übung

Nutze den effektiven Moment des Aufwachens in der Thetafrequenz, um dich mit dem, was du dir wünschst, zu verbinden. Bitte nutze den heutigen Morgen, das Vertrauen darauf, alles zu bekommen, was du dir wünschst, zu fühlen. Spüre heute nach, was es für dich bedeutet, im Vertrauen zu sein.

Schreibe dir deinen Wunsch dreimal in dein Notizbuch (Wunschbuch).

Die Wunsch-Meditation

Nimm dir täglich Zeit, deine Wunschmeditation zu machen. Wie immer findest du auch diese Meditation auf der Webseite, wo du sie gern anhören kannst:

https://www.kubigcoaching.de/blog/transformation-leicht-gemacht.html

Extra-Tipp

Wenn du dich immer noch mit Restzweifeln über das „wie" – also: wie dein Wunsch sich realisieren kann, plagst, beauftrage das Universum doch einfach damit, dir das „wie" gleich ganz abzunehmen und es mit seiner allwissenden Kraft bestmöglich für dich und alle Beteiligten zu lösen.

Tag 17: der Herzenswunsch — Vision deiner Zukunft

Wenn dein Herzenswunsch die Vision deines künftigen Lebens ist, dann vertraue bitte darauf, dass dich das Universum dabei unterstützen wird, Vertrauen zu entwickeln. Es ist erfahrungsgemäß schwierig, während des Entstehungsprozesses die Energie aufrecht zu erhalten. Vor allem dann, wenn Schwierigkeiten auftauchen. Allzu gern legt man dann seinen Wunsch wieder auf Eis oder gibt ihn gleich ganz auf.

Schwierigkeiten gibt es immer wieder mal. Wir unterliegen Zyklen. Es gibt Phasen, in denen es uns gut geht und Phasen, in denen wir uns schwach fühlen. Das ist normal. Wichtig ist, dass du lernst, auch in Phasen, in denen es mal nicht so gut läuft, wenn Hindernisse auftauchen, weiter im Vertrauen zu bleiben und die Energie auf dein Ziel hin aufrecht zu halten. Du hast bestimmt schon von den vielen vergeblichen Versuchen von Thomas Edison gehört, der die Glühbirne erfunden hat. Er musste Hunderte von Versuchen unternehmen, bis die Glühbirne endlich funktionierte. Dennoch blieb er immer im Vertrauen und ließ sich nicht von den vielen Fehlschlägen abbringen. Stell dir vor, er hätte nach den ersten zehn Versuchen aufgegeben und die Flinte ins Korn geworfen … Nein! Er hielt weiter an seiner Vision fest und glaubte unbeirrbar an deren Realisierung.

Energie ist diffus und im Vergleich zur Materie bedarf sie deiner ständigen Aufmerksamkeit, damit wirklich etwas entstehen kann. Wenn es gerade nicht rund läuft, frage dich: „Was braucht es, damit es doch funktioniert?" Oder „Was kann ich verändern oder hinzufügen, damit es funktioniert?"

Warum ist es so wichtig, Vertrauen statt Hoffnung zu haben? Vertrauen bedeutet, dass du dir sicher bist, dass dein Wunsch sich erfüllen wird, auch, wenn du bis dahin noch einige Schritte gehen musst. Du hoffst also nicht nur, dass es passiert, sondern du weißt, dass das Universum dir dienlich sein und dich mit allem versorgen wird, was du dir wünschst. Du weißt, dass es da draußen alles im Überfluss gibt.

Dem unendlichen Fluss des Lebens zu vertrauen, bedeutet aber nicht, dass du ab dem Moment des Vertrauens nur noch erleuchtet im Nirwana lebst, in dem alles von alleine geschieht. Nein, so ist das nicht. Aber: Bleib bitte trotzdem weiter im Vertrauen, um durch alle Höhen und Tiefen gehen zu können. Sie dienen dazu, die Lektionen zu lernen, die deiner Entwicklung nützlich sind.

Natürlich ist es normal, immer wieder in Phasen zu rutschen, in denen du daran zweifelst, dass die Verwirklichung deines Wunsches möglich sein wird. Oder in denen du dir Sorgen machst, ob du deine Rechnungen fristgerecht zahlen kannst, ob dir nicht Steine in den Weg gelegt werden, du von Menschen enttäuscht oder verlassen werden wirst, deinen Job verlierst, jemand stirbt, du krank wirst oder Angst hast, neue Projekte zu realisieren.

Auch Menschen, die bereits erfolgreich ihre Ziele erreicht haben, bekommen immer wieder Angst, es nicht zu schaffen, nicht gut genug zu sein. Doch solche Dinge können nur im Außen passieren. Das ist vollkommen normal und trifft jeden von uns. Die Frage ist, wie du damit umgehst. Ich weiß, dass das einen ganz schnell wieder in Zweifel in Bezug auf seine Macht bringen kann. Vor allem, wenn du die Realitäten und Meinungen von anderen übernimmst oder glaubst. Zum Beispiel, dass es schlimm sei, seinen Job zu verlieren und unglaublich schwer, danach etwas Neues zu finden. Oder wie schlimm es ist, verlassen worden zu sein, da man ja nur in der Zweisamkeit glücklich und zufrieden sein kann ...

Alles, wonach du dich in deinem Inneren sehnst, ist auch in deiner Realität möglich. Sobald du an dir oder der Welt zweifelst und dir Sorgen machst, ob du deine Ziele erreichen kannst, lenke deine Gedanken bitte einfach in eine andere Richtung und erinnere dich daran, dass du schon sehr wohl Dinge erreicht hast, die eigentlich unmöglich waren. Bring' dich wieder in die Energie des Vertrauens in das Universum und in deine Energie, die ja Teil davon ist. Lass' Gedanken in dir entstehen, die dich wieder voller Zuversicht das Jetzt und die Zukunft fühlen lassen. Verbinde dich mit Momenten aus deinem Leben, in denen du darauf vertraut hast, deine Ziele erreichen zu können. Schau dir an, was du schon alles erreicht hast. Du kannst dir auch noch einmal die Übung von Tag 9 in deinem Buch ansehen.

Vertrauen ist ein wichtiger Schlüssel. Zu fast allem

Tu so, als würde schon feststehen, dass alles gelingen und sich bestens fügen wird. Vertraue voll und ganz darauf, das Gewünschte zu bekommen. Vertraue dem Universum, das es stets gut mit dir meint. Das Vertrauen ist die Verbindung zwischen der Energie des Wunsches in dir und seiner Entsprechung in der Materie.

Wenn du eine Wohnung oder ein Haus suchst, studiere die Anzeigen, schau dir schon mal Wohnungen an. Und lass dich auf keinen Fall von Hindernissen aus der Bahn werfen. Sie sind normal und gehören zum Weg dazu. Sie dienen dir, dich ständig feiner auf das zu justieren, was dir entspricht. Kleine Korrekturen sind wichtig. Wenn du zum Beispiel den Zuschlag für eine Wohnung nicht bekommen hast, dann sei dir gewiss, dass es diese eben noch nicht war und sei froh darüber. Dir wird wahrscheinlich einiges erspart geblieben sein, was in dieser Wohnung nicht deiner Wunschenergie entsprochen hätte. Geh davon aus, dass das Universum es stets gut mit dir meint und deiner Entsprechung dient. Das Wichtigste ist, dass du nun weiter vertrauensvoll deinen Fokus auf dein Ziel richtest und dich von nichts und niemandem abringen lässt, weiterzumachen. Denn der größte Fehler, den die meisten machen, ist, dass sie aufhören, Energie in ihren Wunsch zu bringen und aufhören, zu vertrauen. Alles, was im Außen geschieht, ist deiner Wunscherfüllung dienlich. Damit meine ich positiv wie negativ.

Vertraue also vollkommen darauf, dass alles, was geschieht, immer zu deinem Besten ist und dich lehrt, noch mehr Kraft und Energie zu gewinnen.

Halte dein Vertrauen in dich aufrecht, auch wenn Hindernisse auftauchen

Bitte schaue dir heute alle Hindernisse an, frage dich dabei:

„Welche Energien habe ich in den letzten zwei Wochen ausgesendet?" Und stell dir die unten aufgeführten Fragen.

Bei diesen Fragen geht es wie immer darum, nicht mit deinem Verstand nach einer Antwort zu suchen, sondern die Frage aus einer vollkommenen Leichtigkeit heraus zu stellen und darauf zu vertrauen, dass die Lösung aus dem universellen Bewusstsein geliefert wird.

Übung 1, Tag 17

Frage dich bei aufkommenden Hindernissen: Was kann ich anders tun, denken, fühlen oder sein, was mich meinem Wunsch wieder näherbringt?

Tipp zur Übung: Wenn ein negativer Gedanke hochkommt, frage dich immer, ob es dein eigener ist oder ob er zu jemand anderen gehört. Behalte nur die Gedanken und Ansichten, die dich an dein Ziel bringen, dich unterstützen und stärken. Alle anderen lass los — streich sie aus deinem Gedächtnis. Wähle einen neuen Gedanken, der dich auf deinem Weg zum Ziel unterstützt.

Übung 2, Tag 17

Stärke deinen „Vertrauensmuskel", indem du dir überlegst, wo du bereits das Vertrauen hattest, um Dinge durchzuziehen und dranzubleiben.

Frage zur Stärkung deines „Vertrauensmuskels": Was habe ich damals anderes getan, gedacht oder gefühlt, was mich meinem Wunsch wieder näherbringt? Was für eine Person war ich damals.

 Deine Affirmation für heute

„Ich gebe mich voller Vertrauen dem Fluss des Lebens hin. Das Universum arbeitet vollkommen. Und alles, was geschieht, dient meinem Wachstum."

Morgen-Übung

Nutze den effektiven Moment des Aufwachens in der Thetafrequenz, um dich mit dem, was du dir wünschst, zu verbinden. Bitte nutze den heutigen Morgen, darauf zu vertrauen, alles zu bekommen, was du dir wünschst. Spüre heute nur einmal nach, was es für dich bedeutet, im Vertrauen zu sein.

Schreibe dir deinen Wunsch dreimal in dein Buch.

Nimm dir täglich vor dem Schlafengehen Zeit, deine Wunschmeditation zu machen.

Die Wunsch-Meditation

Nimm dir täglich Zeit, deine Wunschmeditation zu machen. Wie immer findest du auch diese Meditation auf der Webseite, wo du sie gern anhören kannst:

https://www.kubigcoaching.de/blog/transformation-leicht-gemacht.html

Tag 18: Halte dein Bewusstsein fokussiert

Halte dein Bewusstsein weiter auf dein Ziel gerichtet und tue jeden Tag aktiv etwas, um deinen Traum Wirklichkeit werden zu lassen. Du kannst nur das erschaffen, worauf du deinen Fokus gerichtet hältst. Mit Fokussierung auf Ziel meine ich nicht, 24 Stunden am Tag permanent an deinen Wunsch zu denken, es ist vielmehr so, als ob du einen Kreisel zum Rotieren bringst. Er dreht sich eine Zeit lang auch ohne dein Zutun weiter. Es genügt, ihn nur immer wieder mal kurz anzustoßen, um den Energiefluss aufrecht zu halten.

Wir lernen durch Fehler

Dein Wunsch ist zunächst in rein energetischer Form in deinem Inneren vorhanden, und dieses Bild beginnt sofort zu flackern, wenn du zweifelst oder negative Glaubenssätze zulässt. Sobald du zweifelst, bekommt dein Bild eine Störung im Empfang und kann nicht mehr in seiner reinsten Form gesendet werden. Aber da wir im Alltag permanent Zweiflern und Schreckensnachrichten ausgesetzt sind, kommt und geht die Energie ständig. Genauso wie auf Ebbe immer die Flut folgt und auf Einatmen das Ausatmen. Auch deine Energie folgt diesen Gesetzmäßigkeiten. Es ist eine Illusion zu denken, dass es einen Zustand geben kann, in dem nur noch die Sonne scheint und du ständig positiv gestimmt durch die Welt läufst. Wir lernen durch Fehler und durch Scheitern – nicht durch Erfolg und Wachstum. Die größten Entwicklungssprünge machst du in Krisenzeiten und gerade, wenn man sich auf den Weg macht, um endlich Bewusstsein zu erlangen, ist das Auf und Ab vorprogrammiert.

Die Energie um uns herum verändert sich ständig. Du hast gute und schlechte Tage. Nichts bleibt jemals stehen. Mit jedem neuen Gedanken, der dich im Hinblick auf deinen

Wunsch gut fühlen lässt, wird die Anziehung stärker. Wenn dein ganzes Sein positiv ausgerichtet ist, wird sich alles um dich herum verändern. Du veränderst die Welt durch dein Bewusstsein. Du musst nicht die Welt ändern, sondern dich nur auf das ausrichten, was du sein oder haben möchtest. Dann kommt die Welt zu dir. Das Universum organisiert sich nach deiner Vorstellung um.

Die Energie im Alltag über eine längere Zeit aufrechtzuhalten, braucht Durchhaltevermögen. Du wirst immer Momente erleben, in denen Fülle zu dir fließt und du über genügend Mittel verfügst, um dir alles zu leisten, was du im Moment möchtest. Aber auch Momente, in denen es vielleicht nicht mehr so fließt. Dann halte inne und frage dich, was in dir war, was das ausgelöst hat. Frage dich, wie du es verändern kannst, damit es wieder fließt. Erkenne, dass alles, was im Außen geschieht aufgrund deiner ausgesendeten Energie in dein Leben kommt.

Übung 1, Tag 18

Wie kannst du dich motivieren, um den Fokus zu halten? Indem du dich von deinem Wunsch inspirieren lässt.

Überlege dir, wie du dich motivieren kannst, um deinen Fokus weiterhin auf deinen Wunsch zu richten. Das kann ein Symbol, ein Gegenstand oder ein Bild von dem sein, was du dir wünschst. Wenn du von einer schön eingerichteten Wohnung träumst, dann kauf dir entsprechende Zeitschriften und lass dich inspirieren. Wenn du einen Traumurlaub möchtest, gehe ins Reisebüro und besorge dir Prospekte. Oder trage dich in Newsletter ein, die dich immer wieder an dein Ziel erinnern. So erinnert dich dein Wunsch immer daran, dass noch so viel mehr im Leben möglich ist als das, was du gerade glaubst. Lege diese Dinge an einen Ort, an dem du viel Zeit verbringst und wo du sie immer wieder zur Hand nehmen und dich dadurch mit deinem Wunsch verbinden kannst.

Als ich in mir den Wunsch spürte, ein Buch zu schreiben, habe ich mir ein bestimmtes Buch von Esther Kochte, das mich daran erinnern sollte, auf meinen Schrank gestellt. Jedes Mal, wenn ich daran vorbeiging, erinnerte es mich an meinen Wunsch, ein nachvollziehbares Konzept zu entwickeln, mit dem jeder (... der möchte) seine Ziele auf energetische Weise erreichen kann also: „Transformation leicht gemacht".

Suche etwas, das sich für dich stimmig anfühlt und was als Motivator für deinen Wunsch steht. Das sind ab heute deine Erinnerungsrufe und sie sollen Folgendes in dir auslösen: „Da will ich hin! Ich bin bereit für den nächsten Schritt und übernehme die Verantwortung dafür, jeden Tag alles für dieses Ziel zu tun." Platziere es in deiner Wohnung so, dass du es oft siehst. Verbinde dich von Zeit zu Zeit immer mal wieder mit deinem „Objekt" und ziehe die Energie daraus an dich.

 Deine Affirmation für heute

> *„Ich halte jederzeit den Fokus auf meine Vision."*

Morgen-Übung

Nutze den effektiven Moment des Aufwachens in der Thetafrequenz, um dich mit dem, was du dir wünschst, zu verbinden. Bitte nutze den heutigen Morgen, um das Vertrauen darauf, alles zu bekommen, was du dir wünschst, zu fühlen. Spüre nach, was es für dich bedeutet, im Vertrauen zu sein.

Schreibe dir deinen Wunsch dreimal in dein Notizbuch (Wunschbuch).

Die Wunsch-Meditation

Nimm dir täglich Zeit, deine Wunschmeditation zu machen. Wie immer findest du auch diese Meditation auf der Webseite, wo du sie gern anhören kannst:

https://www.kubigcoaching.de/blog/transformation-leicht-gemacht.html

Extra-Tipp

Der absolute Turbo für die Erfüllung deines Wunsches ist es, wenn du das Universum bittest, dich in diesem Prozess zu unterstützen: etwa, dir wichtige und nützliche Hinweise zu schicken. Dich auf Menschen treffen zu lassen, die deiner Entwicklung dienlich sind. Je besser du über dein Inneres mit dem Universum verbunden bist, umso klarer kannst du spüren, was dein Weg ist.

Tag 19: Wer bist du, wenn dein Ziel erreicht ist?

Bewusstsein bedeutet auch zu wissen, wer du sein möchtest, wenn du dein Ziel erreicht hast. Das ist wichtig zu wissen, ebenso, wie du ein möglichst klares Bild von dir haben solltest: „Wer möchte ich dann sein? Wohin will ich mich entwickeln, was für eine Person will ich in Zukunft sein?"

Du bist, was du über dich glaubst!

Sophia Loren wurde einmal nach ihrem Erfolgsrezept im Leben gefragt. Sie antwortete daraufhin, dass sie einfach immer, wenn sie gefragt wurde, ob sie etwas kann, mit: „Yes, I do!" antworten würde — ganz egal, ob sie es könne oder nicht. Sie sagte einfach immer: „Ja, ich mach das!", selbst wenn sie keinen Schimmer hatte, wie das gehen sollte. Sophia Loren hatte beschlossen, eine Frau zu sein, die erfolgreich ihren Weg geht und alle sich öffnenden Türen zu nehmen. Ohne sich darum zu kümmern, ob sie bereits das Wissen hatte, um dort durchgehen zu können. Einfach im Vertrauen darauf, dass sie dann schon alles lernen würde, was sie bräuchte. Frei nach dem Motto: „Fake it until you make it."

Genauso ein neues „Sein" könntest du dir auch angewöhnen. Selbst, wenn du noch keine Ahnung hast, wie das, was du dir wünschst, funktionieren soll oder wie du da hinkommen wirst. Sag einfach mal: „Ja, mach ich." Laufen hast du doch auch erst gelernt, als du angefangen hast zu gehen.

Thomas Edison hat die Glühbirne erst über ausdauerndes Experimentieren erfunden. Was meinst du, was waren die Werte, die ihn darin bestärkt haben, so lange Zeit an seiner Vision der Glühbirne festzughalten? Wie hat er wohl über seine Vision gedacht? Wie sich gefühlt, wenn er an seine neue Erfindung dachte? Er hatte sein Ziel vor Augen und einen tiefen unerschütterlichen Glauben. Das ist genau der Seinszustand, der dich zum Ziel bringt: Überlege dir, welche Person du in deinem Leben sein möchtest und fang an, sie zu sein.

Neben erfolgreichen Unternehmern setzen auch viele Profisportler die Kraft der Vorstellung ein: Was möchte ich in Zukunft sein?

Ein gutes Beispiel dafür bieten empirische Studien gerade im Sport. So wurden für eine solche Studie vier Gruppen gebildet, die für eine Europameisterschaft trainierten. Die erste Gruppe trainierte nur mit ihrem Körper. Die zweite Gruppe trainierte zu 75 Prozent physisch und in 25 Prozent der Zeit wurde die Gruppe mit mentaler Arbeit vertraut gemacht. Die dritte Gruppe trainierte nur 50 Prozent ihrer körperlichen Fitness und wurde dabei mit 50 Prozent durch mentale Bilder unterstützt. Die vierte Gruppe trainierte nur mental.

Vielleicht ahnst du schon, welche Gruppe die Beste war. Es war die vierte Gruppe, die ausschließlich mental trainierte. Hättest du das gedacht?

Übung 1, Tag 19

Bevor du etwas haben möchtest, musst du es bereits sein. Überleg dir also bitte ganz genau, wer du sein möchtest.

Welche Gedanken und welche Sprache benutzt eine Person, die ihr Ziel bereits erreicht hat? Überleg dir mal, mit welchen Gedanken und Worten die Personen innerlich mit sich sprechen, die bereits erreicht haben, was du dir wünschst. Wie fühlt, bewegt, spricht oder ist diese Person? Und übertrage all diese Eigenschaften auf dich. Es ist wichtig, dass du dir ein so konkretes Bild wie möglich über dich machst, damit auch du dir eine sogenannte Blaupause von deinem zukünftigen Sein anlegen kannst. Der Trick dabei ist, dass du es jetzt bereits schon bist, also: Tu so, als ob du es schon wärst. Wie machst du das am besten? Hier kommt der erste Schritt:

1. Frage dich: „Was kann ich in mir ergänzen, um mein Ziel schneller zu erreichen als jemals zuvor?"

2. Überlege dir bitte mal drei Eigenschaften: Was sind die Fähigkeiten, die du dir von deinem Zukunfts-Ich wünschst oder die du brauchen wirst, um dein Ziel zu erreichen?

_____   _____

_____

Stell dir vor, du würdest dir wünschen, dich selbstständig zu machen. Spüre nun in dich hinein, wie du dich fühlen wirst, wenn du dein Ziel erreicht hast. Was sind das für Eigenschaften, die du dann hast, die dir im Moment vermutlich noch fehlen? Vielleicht hast du ein selbstbewussteres Auftreten als jetzt oder dieses Strahlen in dir, das dich das Leben positiv sehen lässt. Oder du bist einfach nur diszipliniert und konsequent dabei, deinem Plan zu folgen.

3. Denke jetzt bitte mal an drei Menschen, die diese Eigenschaften bereits besitzen.

Such dir in Gedanken drei Menschen aus, die bereits diese Qualität(en) besitzen. Das können Menschen sein, die in deinem direkten Umfeld leben oder bekannte Persönlichkeiten. Es geht nicht darum, dass du sie in jedem Aspekt gut findest, sondern nur mit Blick auf diese besondere Eigenschaft.

_____   _____

Und dann denk mal darüber nach: **Wo, mit wem, in welcher Situation, mit welchem Verhalten und mit wem hast du schon mal das Gefühl gehabt, so zu sein, wie du dir das wünschst?** Welche Menschen geben dir in deinem Umfeld dieses Gefühl, das du dir wünschst? In welchem Umfeld, an welchen Orten, in welchen Situationen kommst du deinen gewünschten Seinszuständen nahe? Welche Aktivitäten kannst du nutzen, was unterstützt dich dabei, die gewünschten Eigenschaften in dir auszulösen?

Oder gibt es bestimmte Dinge, die dir dabei helfen, in diesen Seinszustand zu kommen? Das kann eine bestimmte Kleidung sein oder ein Schmuckstück — irgendetwas Sichtbares, was dich jederzeit daran erinnert.

Benenne die einzelnen Punkte bitte so konkret wie möglich und integriere sie in deinen Alltag. Schreibe dir dafür Termine in deinen Terminkalender, damit du sie auch tust.

	Seinszustand 1	Seinszustand 2	Seinszustand 3
	Selbstbewusstsein		
Menschen/Umfeld	Susi		
Situationen	wenn ich etwas erreicht habe		
Orte	in meinem Lieblingscafé		
Objekte	meine neue Jacke		
Aktivitäten	bei meinem Hobby		

Affirmation für den Tag

> „Ich bin ... (bitte setze hier den Seinszustand ein, den du erreichen möchtest und sei bereits die Person, die du dir wünschst)."

Morgen-Übung

Nutze den effektiven Moment des Aufwachens in der Thetafrequenz, um dich mit dem, was du dir wünschst, zu verbinden. Bitte nutze den heutigen Morgen, um das Vertrauen darauf, alles zu bekommen, was du dir wünschst, zu fühlen. Spüre nach, was es für dich bedeutet, im Vertrauen zu sein.

Schreibe dir deinen Wunsch dreimal in dein Buch.

Die Wunsch-Meditation

Nimm dir täglich Zeit, deine Wunschmeditation zu machen. Wie immer findest du auch diese Meditation auf der Webseite, wo du sie gern anhören kannst:

https://www.kubigcoaching.de/blog/transformation-leicht-gemacht.html

Tag 20: Bewusstsein und Wunsch synchronisieren

Das Wunder entfaltet sich, wenn du mit deinem Wunsch synchron bist und frei von allen sogenannten Ansichten und Zweifeln. Wenn du gleichzeitig dir, deiner Verbindung zum Universum und allem, was ist, vertraust. Gerade in Krisenzeiten sind wir sehr offen dafür, uns auf die Synchronizität eines Wunders einzustellen. Etwa das typische, verzweifelte Stoßgebet gen Himmel mit der Bitte, dass genau jetzt bitte etwas geschehen möge, weil du glaubst, sonst unterzugehen. In diesem Moment sendest du eine glasklare Energie aus. In diesem Moment gibt es keinen Zweifel und du bittest um Hilfe, weil du weißt, dass es da eine höhere Macht gibt, die dir zur Seite steht.

Das Universum hört diesen Hilferuf und öffnet wie durch Zauberhand neue Türen und Möglichkeiten. Das sind die Momente, in denen wir sehr durchlässig sind und alle Barrieren aus dem Weg gestoßen haben. Wenn du dich ganz still an dein Innerstes wendest, verbindest du dich mit einem Teil in dir, der mit allem, was ist, verbunden ist. Hier bekommst du Antwort auf alles, wonach du fragst.

Auch, wenn dies meist in Krisenzeiten geschieht, ist genau das der Moment, in dem wir bereit und offen für Veränderung sind, weil es zum Alten kein Zurück mehr gibt. Dann sind wir auf einmal blitzschnell in der Lage, eine neue Energie in uns hervorzurufen, die wie ein starker Sog, wie magnetisch neue Möglichkeiten anzieht − ein Prozess, der oft unterbewusst und auf tiefster Seelenebene abläuft.

Übung 1, Tag 20

Heute erfährst du, wie du diesen Prozess bewusst für dich einsetzen kannst. Du sollst dein Leben ja nicht erst wegen schwerer Schicksalsschläge verändern müssen, sondern ganz bewusst wählen können, was du brauchst, wann immer du es brauchst. In dem Moment, in dem du dich für die Dinge da draußen öffnest, machst du die Tür auf, um mehr vom Leben zu empfangen.

Schritt 1: Vergangene magische Momente

Notiere dir Momente aus deiner Vergangenheit, in denen du schon einmal Magie erlebt hast. Das können glückliche Zufälle oder unverhoffte Wendungen gewesen sein, die im wahrsten Sinne aus dem Nichts kamen, für dich absolut unvorhersehbar oder unrealistisch waren und zu einer positiven Wende geführt haben.

_____

_____

Die „magischen Momente"

Die meisten dieser Begegnungen haben eines gemeinsam: Du hast davor aller Wahrscheinlichkeit nach um eine Veränderung gebeten und wie du weißt, reagiert das Universum auf eine Forderung immer mit einem Angebot. In den Momenten, in denen wir feststecken, haben wir keine Einwände oder Zweifel mehr, die sich der ausgesendeten Energie entgegenstellen könnten. Du willst es und zwar jetzt, denn es gibt kein Zurück, kein Schönreden, kein Reparieren oder Arrangieren mehr. Du bist bereit, deine Komfortzone zu verlassen oder du bist bereits im freien Fall zu etwas Neuem. Das ist die Energie, in der wahre Veränderungen möglich werden, mit denen schließlich Neues entsteht. Und rede dir diese Ereignisse nicht klein — das waren keine Zufälle, sondern DU hast sie ausgelöst. Also hast du auch die Macht, solche „magischen Momente" zu wiederholen.

Schritt 2: Öffne dich für die Energie der Wunder, die dich umgibt

Wenn du also mit der Energie des Wunders spielen möchtest, dann versetze dich in den positivsten Zustand, der dir gerade möglich ist und überlege dir, wie sich die Situation, die du ändern möchtest, für dich auf magische Art zum Besten verändern könnte. Schreib dir in dein Notizbuch, was sich auf magische Weise jetzt in deinem Leben verändern kann und bis wann das passiert sein soll.

Schritt 3: Frag nach

„Liebes Universum, kannst du mir zeigen, welche großartigen Dinge, die weit über meine Erwartung hinausgehen, für mich möglich sind, um meine Situation zu verbessern?"

Schritt 3: Und dann — lass los und vertraue dem Universum.

Schritt 4: Empfange!

Sei offen, alles zu empfangen — ganz gleich, wie es zu dir kommen mag. Das kann auf so viele verschiedene Arten geschehen, zum Beispiel über Menschen, die dir hilfreiche Tipps geben, unverhoffte Anrufe, innere Eingebungen, eine Reportage im Fernseher, die dich weiterbringt und vieles mehr.

Wichtig ist nur, dass du nicht intensiv über die Lösung nachdenkst oder dir sogar vorher eine bestimmte Vorstellung ausmalst. Lass die Frage vollkommen los und sei offen für alles, was kommt. Und sei achtsam, wer oder was dir begegnet. Es könnte genau die Lösung sein, nach der du gefragt hast.

Affirmation für den Tag

> *„Ich bin das Wunder, aus dem heraus alles entsteht."*

Morgen-Übung

Nutze den effektiven Moment des Aufwachens in der Thetafrequenz, um dich mit dem, was du dir wünschst, zu verbinden.

Bitte nutze den heutigen Morgen, um das Vertrauen darauf, alles zu bekommen, was du dir wünschst, deutlich zu fühlen.

Spüre nach, was es für dich bedeutet, im Vertrauen zu sein.

Schreibe dir deinen Wunsch dreimal in dein Notizbuch (Wunschbuch).

Die Wunsch-Meditation

Nimm dir täglich Zeit, deine Wunschmeditation zu machen. Wie immer findest du auch diese Meditation auf der Webseite, wo du sie gern anhören kannst:

https://www.kubigcoaching.de/blog/transformation-leicht-gemacht.html

Tag 21: Energie trainieren, um Fülle zu empfangen

Übe dich heute darin, die unendliche Fülle des Lebens zu erkennen und mit Dankbarkeit zu empfangen. Stell dir vor, dass das Universum alles für dich bereithält, was du dir wünschst.

Da draußen gibt es unendliche Möglichkeiten, die für dich bereitstehen..., wenn du dich nur für sie öffnest und bereit bist, sie zu sehen. Erlaube dir, große Träume zu haben und bereits alles zu sein, um es jetzt zu empfangen. Weiche den typischen Fallen aus, die dich normalerweise daran hindern, mehr Fülle für dich einzufordern. Erlaube dir einfach mal, mehr Geld, mehr Freundlichkeit, mehr Genuss, mehr Leidenschaft, mehr Leichtigkeit, mehr Spaß, mehr Freude, mehr Luxus, mehr Zeit mit Freunden oder einfach viel mehr vom Leben zu empfangen als du benötigst. Mehr, als du dir jemals zuvor erlaubt hast.

Erlaube dir, mehr zu empfangen, als du brauchst!

Die meisten Menschen beginnen, sich selbst zu sabotieren und limitierende Ansichten zu entwickeln, wenn sie mehr einfordern, als sie benötigen. Sie halten sich lieber selbst klein und rudern mit ihren Anforderungen zurück, weil sie das Gefühl haben, zu egoistisch zu sein, mehr zu verlangen als ihnen zusteht oder befürchten, anderen dadurch etwas wegzunehmen. Lieber erst einmal schauen, dass es allen anderen gut geht, bevor sie sich um sich selbst kümmern! So geht das nicht. Denn du musst dir erst die Erlaubnis geben, Fülle besitzen zu dürfen.

Wenn ich von Fülle spreche, meine ich nicht nur die finanzielle Fülle. Wenn ich von Fülle spreche, beinhaltet das alle Lebensbereiche, wie zum Beispiel Liebe, Erfolg, Freude und Gesundheit. Also: Gib dir die Erlaubnis, Fülle zu empfangen und zwar genau mit dem, was du jetzt bist und zur Verfügung hast. Richte dich nicht länger nach der „wenn ... dann ...-Formel" wie etwa in diesen Beispielen:

➢ „Wenn mein Vater mir das Geld für die Kaution gibt, ziehe ich um."

➢ „Erst, wenn ich zehn Kilo weniger wiege, wage ich es, wieder Männer zu daten."

➢ „Erst, wenn ich genügend Erfahrung gesammelt habe, bewerbe ich mich auf meine Traumposition."

➢ Andere plagen sich mit Einwänden wie: „Ich bin ...zu schlecht ausgebildet ..., um ... Karriere zu machen .... etwas zu haben/zu tun".

Stopp!

Das wird nicht funktionieren! Sag dir stattdessen lieber:

➢ „Ich übernehme die Verantwortung für mein Geld und ziehe dann um, wenn ich es möchte. Ich fange noch heute an, das Geld dafür zurückzulegen."

➢ „Ich fange jetzt und heute an, mich so zu lieben wie ich bin, gehe aus und genieße mein Leben."

➢ „Ich gebe jeden Tag mein Bestes in meinem Beruf und ich traue mich, jetzt die Karriereleiter zu erklimmen."

Ich spreche jetzt natürlich nicht davon, dir etwa im Internet wahllos teure Elektronik zu bestellen, die du dir rein realistisch gesehen gar nicht mit dem dir zur Verfügung stehenden Gehalt leisten kannst, sondern davon, dass du die Verantwortung über alles, was du tust, voll und ganz übernimmst.

Ich will dir noch einmal sagen, dass du alles, was du brauchst, um in Fülle zu leben, bereits in dir hast. Es ist eine Energie, die du in deinem Inneren erzeugst. Die dir zeigt, dass mehr zu dir fließen darf. Du setzt einen neuen Maßstab. Viel zu viele Menschen sind blind, was ihr wahres Potenzial angeht, verkaufen sich ständig unter Wert und machen sich selbst schlecht. Aber stopp! Du bist genauso, wie du bist, richtig. Du kannst dünn oder dick sein, blond oder brünett, mit Dialekt sprechen, alleinerziehend sein, geschieden, Langzeitsingle, ohne beste Freundin, ohne Abitur und was auch immer ... und dir doch endlich die Erlaubnis geben, mehr vom Leben zu empfangen als du benötigst. Denn alles andere sind faule Ausreden. Die geben nie den Ausschlag. Sondern nur deine innere Erlaubnis, mehr Liebe, Erfolg, Geld, Freude, Leichtigkeit und Gesundheit empfangen zu dürfen, öffnet die Tür zur Fülle.

➢ Du kannst erfolgreich sein, auch wenn du dünn bist.

➢ Du kannst erfolgreich sein, auch wenn du dick bist.

➢ Du kannst erfolgreich sein, auch wenn du blond bist.

➢ Du kannst erfolgreich sein, auch wenn du brünett bist.

➢ Du kannst erfolgreich sein, auch wenn du Dialekt sprichst.

➢ Du kannst erfolgreich sein, auch wenn du verlassen worden bist.

➢ Du kannst erfolgreich sein, auch wenn du alleinerziehend bist.

➢ Du kannst erfolgreich sein, auch wenn du geschieden bist.

➢ Du kannst erfolgreich sein, auch wenn du Single bist.

➢ Du kannst erfolgreich sein, auch wenn du ohne beste Freundin bist.

➢ Du kannst erfolgreich sein, auch wenn du kein Abitur

hast.

Gib dir einfach jetzt und hier, in diesem Moment, in dem du genauso bist, wie du bist, die Erlaubnis, erfolgreich zu sein. Denn das eine hat mit dem anderen überhaupt nichts zu tun. Für jeden ist Erfolg etwas anderes. Für den einen ist es ein Erfolg, wenn er es geschafft hat, seinen Chef um eine Gehaltserhöhung zu bitten und für den anderen, dass er eine Stunde früher aufgestanden ist, um Sport zu machen.

Viele Menschen haben Blockaden und die, die es geschafft haben und erfolgreich sind, haben einfach nur ihre Blockaden erkannt, sie transformiert und sich nicht von ihnen stoppen lassen. Sie haben gelernt, ihr Mindset auf das einzustellen, was sie im Leben erreichen wollten. Sie haben erkannt, dass sie alles schon in sich tragen, um loszulegen.

Sobald du in einer Ansicht über dich oder die Welt feststeckst, bist du blockiert, kannst nicht das empfangen, was du dir wünschst. Du siehst die Möglichkeiten, die das Leben dir bietet, erst gar nicht. Erinnerst du dich noch an das RAS, das ich dir am Anfang des Buches erklärt habe? Was du nicht glaubst, wirst du auch nicht sehen – selbst, wenn es dich unmittelbar anspringen sollte. Du wirst durchs Leben laufen ohne die Türen zu sehen, hinter denen deine Zukunft liegen könnte. Mit jeder Wahl, eine neue Tür zu durchschreiten, kommst du dem Leben, das dir entspricht näher. Aber erst einmal geht es darum, alles zu empfangen, was es da draußen gibt.

Schau dir die Natur an: Der Baum bricht nicht jeden Tag in Panik aus und fragt sich, wie es die nächsten Tage und Wochen weitergehen soll. Wie er genährt und versorgt wird. Er macht sich um seine Zukunft keine Sorgen. Nein. Die Natur lebt im vollkommenen Vertrauen darauf, das alles im Überfluss da ist. Sie ist. Nur wir Menschen haben diese Fähigkeit entwickelt, alles und vor allem uns selbst, immer wieder in Frage zu stellen.

Übung 1, Tag 21

Dankbarkeit öffnet das Energiefeld der Fülle

Nimm heute alles dankbar an, was sich dir bietet und bei dem du normalerweise „nein" sagen würdest. Empfange heute alles, ganz egal, was es ist, mit besonderer Anerkennung und vor allem, ohne es zu bewerten oder zu interpretieren, ob es gut oder schlecht oder überhaupt ernst gemeint ist. Sag einfach mal „Danke" zu allem, was dir begegnet und schau, was dann Spannendes passiert. Nimm es an und fühle die Fülle, die dich umgibt und die sich dir in dem Moment offenbart, in dem du dich ihr zuwendest. Ob es ein nettes Hallo ist, ein Sonnenstrahl, der dich wärmt, der warme Tee, den du trinkst, das gute Gefühl, wenn dir jemand die Tür aufhält oder du direkt einen Parkplatz findest.

Und ebenso wie die positiven Sachen empfange auch die Dinge, die dir nicht gelungen sind und zwar ohne ein Drama daraus zu machen. Lerne, dich auch für den Regen zu bedanken, der die Blumen gießt und die Bahn, die dir vor der Nase weggefahren ist, sodass du jetzt noch Zeit hast zu meditieren, während du wartest. Lerne einfach, alles ansichtslos zu empfangen und dich dafür zu bedanken.

Empfange auch unfreundliche Menschen oder Begegnungen mit derselben Dankbarkeit. Sage dir: „Auch ich habe manchmal miese Momente, in denen ich grollend durchs Leben laufe. Danke, dass du mir zeigst, dass ich nicht allein mit diesem Gefühl bin." Gestatte dir, auch dafür einen Raum in Dankbarkeit zu öffnen.

Frage dich, wofür es vielleicht gut war, dass dir das Universum gerade diesen Menschen jetzt geschickt hat und was du daraus lernen möchtest. Frage dich wo du vielleicht auch schon mal so warst und was du selbst in der Zukunft anders machen möchtest.

Bedanke dich für ALLES, was du empfängst.

Frage dich heute immer wieder mal: „Was kann ich in mir verändern, um mehr Fülle in mein Leben einzuladen?"

 Affirmation für den Tag

> *„Ich habe alles, was es braucht und sehe die Fülle in allem, was mir begegnet.*
> *Ich bin ein Magnet für Fülle und ziehe vollkommenen Überfluss mit Leichtigkeit in mein Leben."*

Morgen-Übung

Nutze den effektiven Moment des Aufwachens in der Thetafrequenz, um dich mit dem, was du dir wünschst, zu verbinden. Bitte nutze den heutigen Morgen, um das Vertrauen darauf, alles zu bekommen, was du dir wünschst, zu fühlen. Spüre nach, was es für dich bedeutet, im Vertrauen zu sein.

Schreibe dir deinen Wunsch dreimal in dein Buch.

Die Wunsch-Meditation

Nimm dir täglich Zeit, deine Wunschmeditation zu machen. Wie immer findest du auch diese Meditation auf der Webseite, wo du sie gern anhören kannst:

https://www.kubigcoaching.de/blog/transformation-leicht-gemacht.html

Deine Taten

„Die meisten Menschen überschätzen,
was sie in einem Jahr
und unterschätzen, was sie in zehn Jahren
erreichen können.“

Bill Gates

Die letzte Woche bricht an!

Tag 22 bis 28: Nutze deine Energie, um Tatsachen zu schaffen

In der ersten Woche hast du gelernt, dein Mindset von alten Blockaden zu reinigen. In der zweiten Woche hast du erfahren, wie du dich mit deinem Wunsch gut fühlen kannst. Letzte Woche hast du dich mit deinem Bewusstsein beschäftigt, damit, die Energie zu sein, die du dir wünschst. In der Verbindung mit dem Universum zu sein. Und diese Woche werden wir endlich ganz konkrete und vor allem praktische Schritte unternehmen, wie du dein Ziel erreichst. Wir bewegen uns also von der Energie in Richtung Materie, beenden die innere Arbeit und kommen zum Handeln. Wir beginnen, die Energie aus deinem Inneren heraus auch nach außen in die Welt zu bringen. Das ist ein außerordentlich wichtiger Schritt. Es reicht nicht, nur darüber zu meditieren, wenn man etwas Bestimmtes haben will, sondern es braucht auch einen konkreten Plan, wie du deinen Wunsch umsetzen kannst. Oft sind bis zur Realisierung viele verschiedene Schritte nötig und nicht selten müssen einige Dinge im Hintergrund vom Universum noch in Gang gebracht oder umgestellt werden.

Wenn du dir zum Beispiel eine neue Wohnung wünschst, müssen die alten Mieter erst mal aus deiner Traumwohnung ausziehen. Ein Makler muss die Wohnung anbieten und du musst die Anzeige finden, bevor es an die Planung des Umzugs gehen kann.

Wenn du deinen Wunsch aussendest, muss sich da draußen alles umstellen und neu organisieren. Das Universum muss ja genau „wissen", was es für dich bereitstellen soll — also, wie groß, wie teuer, wo, in welchem Baustil, welche Art von Garten und so weiter. Das bedeutet für dich, immer am Ball zu bleiben und die Energiefrequenz deines Wunsches aufrecht zu halten.

Aber letztendlich signalisierst du dem Universum erst durch dein konkretes Handeln deine Forderung: Du machst ernst und willst es wirklich — auch, wenn du vielleiht noch gar nicht weißt, wie das Ganze funktionieren soll. Es ist ein Handeln, ohne das genaue Wie vorher zu kennen, lediglich mit der unstillbaren Sehnsucht im Herzen, deinen Wunsch zu realisieren.

So weit, so gut. Doch bevor wir Schritt für Schritt mit der Umsetzung deines Wunsches beginnen, möchte ich, dass du dir folgende Fragen stellst:

> Bist du wirklich bereit, dich deinen Ängsten zu stellen, sie auszuhalten und drauf zu pfeifen?

> Bist du wirklich bereit, jeden Tag etwas zu tun, das dich deinem Ziel näherbringt?

> Bist du wirklich bereit, dein inneres Mindset so zu verändern, dass sich eine neue Welt im Außen zeigen darf?

> Bist du wirklich bereit, deine alten Überzeugungen über Bord zu werfen und eine neue Wahl zu treffen?

> Bist du wirklich bereit, dich der Welt genauso zu zeigen, wie du tatsächlich bist, mit allen Ecken und Kanten und dich dafür auch noch selbst zu lieben?

> Bist du wirklich bereit, dich zu 100 Prozent deinem Wunsch zu verschreiben und alles für ihn zu tun?

> Bist du wirklich bereit, dich von Menschen zu trennen, die dich an deinem Wachstum hindern und dich dort halten wollen, wo du gerade bist, weil es für sie so bequem ist?

➤ Bist du wirklich bereit, solange Stillschweigen über deinen Wunsch zu bewahren bis du ganz klar hinter ihm stehst, um ihn durchzuziehen, egal, was passiert?

➤ Bist du wirklich bereit, einen Weg einzuschlagen, der bei deinem Umfeld auf absolute Gegenwehr stoßen kann?

Deinem Umfeld ist es nämlich lieber, wenn alles beim Alten bleibt. Und deinem Autopiloten noch viel mehr. Sie werden dich davon überzeugen wollen, dass dein Wunsch keinen Sinn macht, dass die Umsetzung gefährlich ist, dass du tief fallen wirst, wenn du ihn weiterverfolgst.

Zuerst brauchst du also alle Kraft für dich, um in deine Klarheit zu kommen. Und später wirst du sie benötigen, um bei deinem Vorhaben zu bleiben, egal, was passiert. Wenn du jetzt ins konkrete Handeln kommst, werden noch einmal viele Widerstände in dir hochkommen. Wenn das der Fall sein sollte, dann benutze die für dich wirkungsvollste Übung aus dem Programm, um deine Widerstände und Blockaden immer wieder zu transformieren. Der Weg der Wunschrealisierung geht nicht immer geradeaus. Manchmal fällt man wieder zurück. Und das ist gut so und auch normal. Gerade, wenn wir ins Tun kommen, spüren wir, wo noch Handlungsbedarf besteht. Auf dem Weg zum Ziel dürfen sich immer wieder Hinweise auf Schwächen zeigen. Dann kannst du sie bearbeiten, stärker und klarer aus ihnen erwachsen.

Halte an deinem Wunsch fest. Und hab Geduld!

Vergiss nie: Alles Neue braucht Zeit. Sei geduldig mit dir und dem Universum, denn manchmal dauert es bis sie sich manifestieren. Aber bleib dran! Es ist der Fokus auf dein Ziel, der Dinge erst entstehen lässt. Denke an Joanne K. Rowling, die auch nie aufgab, ihren Harry Potter zu veröffentlichen, selbst nach vielen misslungen Versuchen, einen Verlag zu finden. Sie hatte eine Vision und gab nie auf, egal was andere auch sagten.

Man geht davon aus, dass es bei normalen Wünschen etwa neun Monate dauert, um den Wunsch von der Idee in die Materie umzusetzen — also genauso lange, wie eine Mutter ihr Baby in sich trägt. Es kann aber auch länger dauern. Ich habe für meinen Wunsch, mich selbstständig zu machen und davon gut leben zu können, sieben Jahre gebraucht. Dem eigenen Lebensplan zu folgen, ist ein Prozess, der manchmal eben auch dauern kann. Du musst dir Wissen aneignen, Mut aufbringen, Altes loslassen, ein Konzept entwickeln, Widerstände aus dem Weg räumen, selbstbewusst und mutig deinen Plan umsetzen, immer wieder innehalten, deinem Herzen folgen. Und es vor allem dann auch machen — über einen so langen Zeitraum sind echtes Durchhaltevermögen und absolute Disziplin angesagt.

Einen Urlaub zu materialisieren, geht allerdings deutlich schneller — also: nur Mut!

Ich werde ab dieser Woche nicht mehr von deinem Wunsch sprechen, sondern ihn jetzt konkret dein Ziel nennen. Auch werden wir in dieser Woche dazu übergehen, die Affirmationen in Fragen zu ändern. Das soll dich dabei unterstützen, leichter zu konkreten Handlungen zu kommen. Bitte versteh diese Fragen nicht als herkömmliche Fragen, auf die du sofort eine Antwort finden sollst. Hier ist nämlich genau das Gegenteil sinnvoll: keine Antwort auf die Frage zu finden. Meine Fragen sollen dir dazu dienen, deine Energie im Inneren zu ändern. Es ist, als würdest du mit den Fragen deinem Unbewussten einen Auftrag geben, dass es augenblicklich damit starten soll, auf die Suche nach der Erfüllung des hinter den Fragen stehenden Wunsches zu gehen.

Tag 22: Was Finanzen mit deinem Ziel zu tun haben

Hallo!

Du bist großartig! Das ist nun der finale Schritt zur Vollendung deines Manifestationsprozesses. Diese Woche steht unter dem Motto: „jetzt handeln!" — was vielleicht einige von euch besonders herausfordern wird. Aber bitte, bitte bleibt dran und macht jede dieser Übungen. Gerade in der letzten Woche geht es darum, alles, was wir zuvor erarbeitet haben, in die Materie zu bringen.

Wir beginnen diese Woche mit dem für dich vielleicht unangenehmen Teil — deinen Finanzen. Ich weiß, das ist für manche Menschen ein leidiges Thema, bei dem viele gern wegschauen. Dennoch ist es oft die wichtigste Grundvoraussetzung, um dein Ziel Realität werden zu lassen, denn in den meisten Fällen ist die Zielverwirklichung mit Geld verbunden. Nicht immer, aber eben doch oft. Das ist leider für viele Menschen ein Grund, ihre Träume wieder auf Eis zu legen: „Ich würde ja gern, aber dazu fehlt mir das Geld."

Ich zeige dir, wie du jetzt die Verantwortung für deine Finanzen übernimmst und die Frage nach dem Geld dich nicht mehr stoppen kann. Denn die meisten unserer Ziele haben nun mal direkt oder indirekt etwas mit Geld zu tun. Je klarer du dir über deine Finanzen und Geld im Allgemeinen bist desto leichter wird es sein, durchzustarten.

Ich bin immer wieder erstaunt darüber, dass gerade Frauen in diesem Punkt noch ein großes Defizit haben. Deshalb bitte ich vor allem die Frauen unter euch, hier in eure Größe zu kommen, um euer Potenzial auch tatsächlich leben zu können.

Wenn du dich mit Geld nicht beschäftigst, wirst du auch kein Geld bekommen. Geld zieht Geld an und das beginnt schon im Kleinen und wird vor allem dann wichtig, wenn du ein großes Ziel erreichen möchtest! Wie willst du als Frau erfolgreich sein und finanzielle Unabhängigkeit erreichen, wenn du keine Ahnung von deinen Finanzen hast? Das funktioniert nicht. Wenn du von etwas leben willst, gehört es dazu, dich mit deinen Zahlen auseinanderzusetzen.

Auch wenn ich gerade von Frauen spreche, betrifft das Thema natürlich Männer ebenso. Ich weiß, dass das ein schweres Brot ist und keinen Spaß macht, aber du musst dich mit deinem Geld beschäftigen, um in die Fülle zu kommen. Du solltest deine Ein- und Ausgaben genau kennen, um zu wissen, was du erwirtschaften musst, damit es dir gut geht. Nur so bekommst du die Klarheit, dich energetisch auf das auszurichten, was du möchtest.

Um genau zu wissen, wie viel Geld du monatlich zur Verfügung hast, möchte ich, dass du deine Kosten ganz exakt kennst. Denn wenn du an die konkrete Umsetzung deines Ziels gehst, ist es notwendig, deinen zur Verfügung stehenden finanziellen Spielraum gut zu kennen.

Übung 1, Tag 22

Die Bestandsaufnahme deiner Finanzen

Nimm dir bitte heute die Zeit und notiere all deine monatlichen Ausgaben zu den folgenden Punkten. Ergänze noch die privaten Ausgaben von dir, die ich hier vielleicht nicht erwähnt habe.

Schritt 1: Deine monatlichen Kosten in Euro

➤ Miete und Nebenkosten mit Wasser, Heizung und Strom

➤ Telefon, Internet, Handy

➤ Lebensmittel, Hygieneartikel und Kosmetik, andere Haushaltsartikel

➤ Kosten für Kinder (Essen, Trinken, Kleidung, Kita, Schule, Bücher, Freizeit...)

➤ Kosten für Haustiere (inklusive Sparbetrag für Tierarztbesuche).

➤ Kosten rund ums Auto (Tankfüllung, Reinigung etc.)

➤ Aktuelle Schuldentilgung

➤ Kleine Alltagsfreuden (Kleidung, Friseur, Massagen, Fitnessstudio, Aus- und Essengehen etc.)

➤ Alle Versicherungen (Jahresbeiträge auf den Monat herunterrechnen).

➤ Urlaub (alle im Jahr geplanten Urlaube auf den Monat herunterrechnen).

➤ Sparbetrag für unvorhergesehene Ausgaben (wenn beispielsweise deine Waschmaschine kaputtgeht).

➤ Sparen zum Vermögensaufbau (optimal sind 10 Prozent deines Nettoeinkommens vor Abzug deiner Kosten).

➤ Alle Ausgaben, die mit deiner Selbstständigkeit in Verbindung stehen (falls du es denn bist oder werden willst).

Fertig? Gut.

➤ Dann rechne bitte alle deine Ausgaben zusammen. Und....

➤ .... ziehe jetzt noch zehn Prozent der Summe ab, die du als Rücklage für dich behältst. Mit diesen zehn Prozent baust du ab jetzt dein Vermögen auf.

➤ Und bitte, zieh jetzt die Summe deiner Ausgaben inklusive deines Sparbetrags von dem ab, was du im Monat zur Verfügung hast.

Genau das ist das Geld, das du investieren kannst — und keinen Cent mehr!

Reicht dir der Betrag, der da steht? Oder hättest du gern mehr? Wenn ja, würde das bedeuten, mehr Geld in dein Leben zu ziehen. Dann frage dich: "Was kann ich anderes tun und sein, um in finanzieller Fülle zu leben?" Und beginne den Empfangsmodus einzuschalten, welche Möglichkeiten dir begegnen, die dir mehr finanzielle Freiheit schenken könnten.

Schritt 2

Um jetzt aber auch ein Gefühl dafür zu bekommen, dass du in Fülle bist, bitte ich dich, dir mal alle Werte anzuschauen, die du hast.

➤ Dein vorhandenes Vermögen

- Das kann dein Schmuck sein
- dein Auto
- Möbelstücke mit einem Wiederverkaufswert
- Kleidung und Taschen mit einem Wiederverkaufswert
- Elektrogeräte und Technik mit einem Wiederverkaufswert
- Immobilien
- bereits gezahlte Kaution
- gewährte Rabatte

- o   vorhandene Gutscheine
- o   Bonus-Zahlungen
- o   und was dir sonst noch zum Thema einfällt

Fertig? Gut. Und jetzt zähle die Summe deines Vermögens mal zusammen. Nicht schlecht, oder? Hättest du damit am Anfang der Übung gerechnet? Das ist bereits schon mehr, als du dachtest, oder?

Mein grundsätzlicher Tipp zur Vorbeugung von Schulden

Die beste Regel, die ich dir zum Thema Schulden ans Herz legen kann, lautet: Gib nie mehr Geld aus, als das, was du im Moment tatsächlich zur Verfügung hast. Gib sogar immer weniger Geld aus, als du zur Verfügung hast! So wirst du nie dein Konto überziehen müssen und hast immer eine ständig wachsende Reserve im Hintergrund.

Wenn du diese Regel befolgst, wirst du auch nie Schulden aufbauen. Spare so lange, bis du das Geld tatsächlich in bar zur Verfügung hast, bevor du etwas kaufst. Leihe dir weder von Privatpersonen noch von der Bank Geld — es sei denn, es handelt sich um einen stabilen Gegenwert wie zum Beispiel eine Immobilie oder Ähnliches, die du vorher von einem Experten hast durchchecken lassen. Davon ausgenommen ist auch Geld, das du in dich oder dein Business investierst, etwas, das dir später mehr Geld bringen wird.

Frage dich ab heute vor jeder Investition, die du tätigen willst: Wenn ich dieses Geld jetzt investiere, wird es dafür sorgen, dass ich in fünf Jahren mehr Wohlstand habe? Wenn Investitionen dir in Zukunft kein Geld bringen, mache bitte auch keine Schulden dafür.

Affirmation für den Tag

> *„Was kann ich jetzt tun, um so viel Geld in mein Leben zu ziehen, dass ich mein Ziel mit Leichtigkeit realisieren kann? "*

Morgen-Übung

Nutze den effektiven Moment des Aufwachens in der Thetafrequenz, um dich mit dem, was du dir wünschst, zu verbinden. Bitte nutze den heutigen Morgen, um das Vertrauen darauf, alles zu bekommen, was du dir wünschst, zu fühlen. Spüre nach, was es für dich bedeutet, im Vertrauen zu sein.

Schreibe deinen Wunsch dreimal in dein Buch.

Ab heute nutze bitte folgende Meditation täglich — zu einer für dich günstigen Zeit, die dir erlaubt, ungestört zu bleiben. Wie immer, findest du auch diese Meditation als Audio auf meiner Webseite:

https://www.kubigcoaching.de/blog/transformation-leicht-gemacht.html

Die Meditation erlaubt dir, dich immer mehr auf die Energie deines Wunsches einzustellen und dein Unbewusstes neu zu sortieren, sodass es dich dabei unterstützt, dein Ziel auf effiziente Weise zu erreichen.

Realität schaffen — Meditation

Beginne, dich zu entspannen, so wie du es in der ersten Woche gelernt hast ...

Schalte alle Störquellen aus. Komm in eine entspannte Haltung, schließe deine Augen, beginne, dich selbst zu spüren und konzentriere dich auf deinen Atem.

Atme ganz normal und spüre, was der Atem in deinem Körper macht. Nimm für einen Moment wahr, wie du ein- und ausatmest und lass dich von deinem Atem tief in dein Inneres tragen.

Beobachte deine Gedanken, ohne dich auf sie einzulassen oder irgendetwas mit ihnen zu machen. Bleib neutraler Beobachter. Lass die Gedanken kommen und wieder gehen — wie Wolken am Himmel. Versuche dabei, die Momente von Gedankenfreiheit wahrzunehmen und auszudehnen.

Dehne die Stille in dir immer mehr aus und lass dich von ihr in dein Herz tragen.

Nimm dein Herz wahr und wie es entlang der Wirbelsäule nach oben hin mit dem Universum verbunden ist. Spüre auch, wie dein Herz entlang der Wirbelsäule nach unten hin durch Beine und Füße mit der Erde verbunden ist. Stell dir vor, wie du über deine Füße tief in der Erde verwurzelt bist und dich nach oben hin bis in die Unendlichkeit und noch darüber hinaus ausdehnst. Spüre in deinem Herzen die Liebe, die du bist.

Spüre, wie von oben und unten die Energie des Universums in dich einströmt und du sie gleichzeitig nach oben und unten wieder abgibst. Du empfängst und sendest gleichzeitig und bist darüber hinaus mit allem verbunden, was ist. Entlasse alle Begrenzungen, Verletzungen, Zweifel und Ängste aus deinem Herzen. Lass los und spüre, wie du mit jedem Loslassen leichter, freier und offener wirst.

Dann öffne dein Herz — das Tor zu dem, was tatsächlich ist, war und sein wird — und dehne dich auch hier über deinen Körper hinaus aus — über deine Stadt — über dein Land — deinen Kontinent — über die gesamte Erdkugel bis die Unendlichkeit hinein und noch darüber hinaus. Spüre die Dankbarkeit all den Dingen gegenüber, die du schon erreicht hast. Die du bereits liebst. Für all die Menschen und Begegnungen, für die du dankbar bist. Spüre die Dankbarkeit, jetzt hier zu sein.

Und nun stell dir vor, da ist eine höhere Kraft im Universum, die dich bei allem unterstützt. Die dich trägt.

Ich möchte, dass du dir jetzt vorstellst, wie du auf deiner Zeitlinie drei Jahre vorwärts in deine Zukunft gehst, in der dein Wunsch zu deiner Realität geworden ist. Stell dir vor, du hättest in deiner Vergangenheit alles Nötige dafür getan, dein Ziel in die Realität umzusetzen. Sieh dir an, welche Schritte notwendig waren, um deinem Ziel näher zu kommen. Was waren auf dem Weg zu deinem Ziel die inneren und äußeren Hindernisse, die du überwinden musstest? Und wie konntest du diese Hindernisse überwinden? Wer oder was hat dich dabei unterstützt?

Schau dir den Weg bis dahin genau an: Wie du jeden einzelnen Schritt dahin gemeistert hast. Und wie du es geschafft hast, in drei Jahren beruflich, privat, gesundheitlich erfüllt zu leben. Sieh deine Transformation. Das, was du geworden bist. Schau, wo du dann stehst: beruflich, privat, gesundheitlich. Wie sind deine Lebensumstände, dein Lifestyle, dein Erfolg, deine Beziehung zu dir und zu anderen, deine Gesundheit, deine finanzielle Situation? Welche Menschen sind an deiner Seite? Schau dir genau an, wo du in drei Jahren stehen wirst, wenn du alles Nötige dafür getan hast. Wer du dann bist, wie du dich fühlst.

Jetzt geh mit deiner Aufmerksamkeit in deiner Vorstellung wieder zurück in die Gegenwart, dorthin, wo du jetzt beginnst, die ersten Schritte zur Realisierung deines Ziels umzusetzen.

Stell dir jetzt und hier vor, dieser Tag — heute — ist bereits dein perfekter Tag. Ein Tag, der sich auf die bestmögliche Art vor dir ausbreitet. Der heutige Tag ist großartiger als alle Tage, die du bisher gelebt hast. Stell dir vor, du wärst schon heute mit all den Ressourcen, all dem Wissen aus deiner Zukunft ausgestattet. Du könntest jetzt also intensiver, wahrhaftiger, lebendiger, freudvoller als alle Tage davor genießen, weil du wüsstest, dass du für alles eine Lösung finden wirst. Male dir diesen Tag aus. Sag dir innerlich: "Ich fühle mich kraftvoll und gleichzeitig geborgen. Ich spüre das Vertrauen in mich und daran, dass ich alles, woran ich glaube, auch erreiche. Ich bin vom Universum getragen und versorgt. Ich bin vollkommen. Es ist mein Geburtsrecht, in Fülle zu leben und ich erlaube mir, die Fülle zu empfangen. Meine positive Einstellung überträgt sich auf mein Umfeld und alle Dinge, die ich anfasse, entwickeln sich zu etwas Größerem. Ich habe wundervolle Begegnungen mit meinen Mitmenschen."

Wenn du so durch deinen perfekten Tag gehst, spüre die Kraft und die Dankbarkeit, die es in dir freisetzt, wenn dieser großartige Tag vorübergegangen ist. Tu so, als wäre der heutige Tag schon der perfekteste Tag, den du dir in deinen allerschönsten Träumen nur ausmalen kannst.

Und stell dir jetzt vor, wie du ausgehend von deinem perfekten Tag, den du gerade in dir gespürt hast, wieder drei Jahre in deine Zukunft gehst — mit all den guten Gefühlen und Erfahrungen, dem Wissen und Vertrauen von heute ... Das alles nimmst du in die Zukunft mit.

Gehe jetzt wieder auf deiner Zeitlinie drei Jahren vor in deine Zukunft. Wie sieht dann deine perfekte Beziehung, dein Erfolg, deine persönliche und berufliche Entwicklung, deine Arbeit, deine Beziehung zu dir und zu anderen aus? Spüre, dass du die Kraft hast, deine Träume zu verwirklichen. Du bist umgeben von einer höheren Kraft, die dich dabei unterstützt, all deine Träume zu verwirklichen. Spüre, wie diese Energie in dein Herz fließt und von dort deinen ganzen Körper erfüllt. Spüre die Kraft und die Dankbarkeit, die es in dir freisetzt, dein Leben frei gestalten zu können. Es ist dein Geburtsrecht, in Fülle zu leben. Nimm wahr, wie sich diese Energie ausdehnt und Realität entstehen lässt. Wie die Moleküle deinem Fokus folgen und sich zu materialisieren beginnen. Allein durch deine Vorstellung erschaffst du bereits deine Realität. Mach es noch intensiver, großartiger, wahrhaftiger, lebendiger, freudvoller als du es dir zu träumen erhofft hast. Lass die Energie dieser Vorstellung in dich hineinströmen. Bleib solange in diesem Gewahrsein, bis du das Gefühl hast, dass die Energie stimmig ist und halte sie im Herzen aufrecht.

Nimm über den Atem wieder Kontakt zu deinem Körper auf und komm mit deiner Aufmerksamkeit ins Hier und Jetzt zurück.

Tag 23: Die Kraft der absoluten Entscheidung

Das Wort Entscheidung macht schon deutlich, dass du da etwas (ent-)scheidest – oder von ihm scheidest. Dass da etwas anders wird, als du es bislang getan oder gelebt hast: Eine Scheidung von einem alten Job, einem Menschen oder einer alten Gewohnheit. Bevor du etwas Neues anfängst, steht erst einmal die Trennung von Altem an. Das spült viele Ängste und Ansichten hoch. Wenn du beschließt, etwas Neues in die Tat umzusetzen, lässt du die alte „Sicherheit" hinter dir und schwebst zunächst gefühlsmäßig im luftleeren Raum.

Die Entscheidung ist der Sprung ins Neue.

Es ist, als würdest du von einem Felsen aus über einen Graben hinweg zum nächsten Felsen springen. In dem Moment, in dem du das Alte loslässt, befindest du dich für einen Moment im freien Fall bis du wieder Boden unter den Füßen hast und auf neuem Boden gelandet bist.

Viele Menschen wagen nichts Neues, weil ihnen genau dieser freie Fall so große Angst macht, dass sie sich nicht vorstellen können, einen derart unsicheren Zustand aushalten zu können. Ihnen fehlt das Vertrauen, dass sie immer wieder sicher landen werden — nur eben woanders als bisher. Andere wiederum nehmen zwar Anlauf, geben aber kurz vor dem Absprung auf und laufen wieder zurück, weil sie das Neue noch nicht spüren oder sehen können.

So funktioniert das aber nicht!

Erst, wenn du bereit bist, den Schritt zu wagen, kann sich das Neue vor dir öffnen. Es kann erst entstehen und sich entwickeln, wenn du unterwegs bist. Du erschaffst mit dem ersten Schritt eine neue Realität. Halte dir außerdem vor Augen, dass nichts endgültig ist. Wenn du irgendwo landen solltest, wo es dir gar nicht gefällt, wagst du eben noch einen Sprung — zu etwas anderem. Du kannst dich nämlich ständig neu entscheiden. Nichts und niemand kann dich stoppen, wenn du dich wirklich entschieden hast — außer du dich selbst.

Bleib jeden Tag deinem Ziel verpflichtet und halte dir gegenüber Wort: Du möchtest dir das Leben schenken, nach dem du dich sehnst. Und wenn dein Autopilot wieder mal über dein Leben bestimmen will, zum Beispiel: „Ach … es geht doch auch so. Ich bleibe heute lieber faul auf dem Sofa und ruhe mich aus", dann übernimm bitte sofort wieder selbst das Lenkrad deines Bewusstseins und bieg auf die richtige Spur ab. Mach dir daher jeden Morgen einen Plan: „Was kann ich heute ganz konkret tun, um mein Ziel zu erreichen?"

Triff deine Wahl mit einem eindeutigen „Ja"

Das Universum kann dir nur das geben, wofür du dich entschieden hast zu sein. Ich sage extra „zu sein", weil du die Energie in deinem Inneren bereits „sein" musst, auch wenn du das Gewünschte noch nicht hast oder bist. Das Universum scannt nur deine Energie und gibt dir seine Entsprechung zu deiner Energie. Es hört nicht auf das, was du zu ihm sagst, sondern auf das, was du meinst. Es bewertet nicht und manipuliert nichts von dem, was du dir wünschst. Wenn du die Energie in dir trägst, beispielsweise: „Die Wohnung, die ich möchte, gibt es eh nicht und wenn, dann kann ich sie mir sowieso nicht leisten", befindest du dich im Mangeldenken, weil du davon ausgehst, dass du dir deine Traumwohnung nicht leisten kannst. Mangel zieht Mangel an und das ist ein klassischer Knock-out.

In dir eine positive Energie in Bezug auf deinen Wunsch zu erzeugen, ist der erste, wesentliche Schritt. Dazu braucht es deine klare Ausrichtung und das Einfordern des Gewünschten, weil du innerlich davon überzeugt bist, dass es möglich ist und du alles dafür tun wirst, es zu bekommen. Drehe negative Gedanken also sofort um und mache das Gegenteil davon zu der Wahrheit, die du haben willst: „Die Wohnung, die ich haben möchte, gibt es bereits und ich kann sie mir auch leisten." Das ist es doch, was du willst. Fokussiere dich auf die Fülle, denn — du weißt, was jetzt kommt ... Fülle zieht Fülle an. Und warum sollte es denn auch nicht diese Wohnung da draußen für dich geben? Das Universum ist unendliche Fülle. Es gibt alles da draußen.

Mach deine Entscheidung für dich nicht verhandelbar. Das ist es, was du haben möchtest und sonst nichts! Verpflichte dich auf das, was du haben möchtest und zeige es in deinen Taten. Mache dich vollkommen frei von: „ja, aber ...", „wenn ..., dann ...", „kein Geld", „keine Zeit", „keine Möglichkeiten", „ich weiß nicht", „ich kann noch nicht genug" und was es sonst noch so an Einwänden geben mag.

Damit du nun dein Ziel, für das du dich entschieden hast, von der Energie in die Materie bringst, fangen wir in der folgenden Übung damit an, ein Vision-Board zu erstellen. Damit kannst du dein Ziel bereits in der Realität sehen und dich noch intensiver mit ihm verbinden.

Übung 1, Tag 23

Gestalte dir dein eigenes Vision-Board, das dich jeden Tag inspiriert.

Ein Vision-Board ist eine Collage, die dich beim Betrachten der einzelnen Bilder wieder mit dem Gefühl in Verbindung bringt, das du hättest, wenn dein Ziel bereits Wirklichkeit wäre. Dieses Vision-Board sollte sich an einem Platz befinden, an dem du es oft siehst, damit es dich immer wieder an dein Ziel erinnern kann. Du hast dir ja vielleicht bereits letzte Woche Zeitschriften, Bilder, Prospekte, Symbole oder etwas anderes besorgt, das dich auf deinem Weg zum Ziel inspirieren soll.

Bitte mach genau aus diesen Bildern nun dein Vision-Board. Wenn du noch kein Material hast, dann beginne jetzt damit, dir Inspirationen zu besorgen, die deutlich sichtbar für das Ziel stehen, das du erreichen möchtest. Vielleicht möchtest du dir als Vision-Bord eine Pinnwand oder ein großes Stück möglichst dickes Papier besorgen? Du kannst das Vision-Bord auch virtuell mit Hilfe der App Pinterest erstellen. Das geht auf dem Handy oder deinem Computer. Nimm dir die Zeit, besonders ansprechend zu gestalten, was immer es sein wird, was dir dein künftiges Leben — oder Ziel — vor Augen führt.

Ich hatte, wie du weißt, über zwei Jahre lang das Buch „Theta Floating" von Esther Kochte gut sichtbar auf einen Schrank drapiert, damit es mich daran erinnern konnte, mein eigenes Buch zu veröffentlichen.

 Affirmation für den Tag

> *„Womit kann ich jetzt starten, um meinem Ziel einen Schritt näher zu kommen?"*

Morgen-Übung

Nutze den effektiven Moment des Aufwachens in der Thetafrequenz, um dich mit dem, was du dir wünschst, zu verbinden. Bitte nutze den heutigen Morgen, das Vertrauen darauf, alles zu bekommen, was du dir wünschst, zu fühlen. Spüre nach, was es für dich bedeutet, im Vertrauen zu sein.

Schreibe dir deinen Wunsch dreimal in dein Notizbuch (Wunschbuch).

Realität schaffen — Meditation

Nimm dir täglich Zeit, deine Wunschmeditation zu machen. Wie immer findest du auch diese Meditation auf der Webseite, wo du sie gern anhören kannst:

https://www.kubigcoaching.de/blog/transformation-leicht-gemacht.html

Tag 24: Wenn du in deinem Leben etwas anders haben möchtest, musst du etwas anderes tun

Ab heute werden wir mit dem ersten Schritt zur konkreten Umsetzung deines Ziels starten. Wenn du etwas möchtest, musst du nach dem Abschluss deiner inneren Arbeit beginnen, die ersten Schritte im Außen zu gehen und zeigen, dass du es ernst mit dem meinst, was du vorhast.

Wenn du eine neue Wohnung möchtest, kannst du einen Aushang machen, im Freundeskreis nachfragen oder du studierst die Immobilienanzeigen in der regionalen Zeitung.

Zeig, dass du es ernst meinst!

Wenn du zum Beispiel abnehmen möchtest, solltest du die richtigen Lebensmittel einkaufen, dir Fachliteratur zulegen, Wissen aneignen, unterstützende Gruppen besuchen, Rezepte besorgen, die wenig Kalorien haben, dir schmecken und Freude bereiten, vielleicht Sport treiben ...

Wenn du dich selbstständig machen möchtest, brauchst du zuallererst eine Idee, ein Konzept, ein Produkt, dann einen Businessplan, ein Marketingkonzept, die Definition deines Alleinstellungsmerkmals und deiner Zielgruppe. Außerdem brauchst du vermutlich eine Webseite, um dein Produkt zu vermarkten. Dazu müssen noch Texte geschrieben, Visitenkarten und Flyer erstellt werden. Also viele sehr praktische Dinge. Dann kommt die Überlegung, ob du das alles selber machst oder ob du dir Unterstützung einkaufst. Und noch vieles mehr an Detailarbeit.

Wie du siehst, gibt es schier unendlich viele Dinge zu tun, um eine Vision in die Materie zu bringen. Tu jeden Tag etwas zur Erreichung deines Ziels, denn nur diese vielen kleinen Schritte bringen dich auch wirklich dorthin. Du brauchst unbedingt auch Ausdauer und Disziplin, denn nichts Großes entsteht innerhalb weniger Tage. Doch zunächst frage dich bitte noch einmal:

> Was möchtest du mit deinem Ziel wirklich erreichen?

> Worum geht es bei deinem Ziel? Was steht dahinter? Es geht darum, dir über dein „Warum" wirklich klar zu sein.

Übung 1, Tag 24

Welche Ergebnisse möchtest du mit deinem Ziel erreichen?

Wenn dein Ziel zum Beispiel wäre: Ich möchte eine neue Aufgabe in einem jungen Unternehmen, das seinen Sitz in der Nähe meines Wohnortes hat. Dann frage dich doch mal: Welches Ergebnis möchtest du mit deinem Ziel erreichen?

Das Ergebnis, das du damit erzielen möchtest, ist vielleicht, in den nächsten zwei Jahren beruflich aufzusteigen und Karriere zu machen. Oder aber, deine tägliche Fahrtzeit zu verkürzen, um mehr Freizeit zu haben. Oder mehr Geld zu verdienen. Oder bessere Weiterbildungsmöglichkeiten zu bekommen. Oder ein besseres Betriebsklima ... Bitte überlege dir heute, welche Ergebnisse du mit deinem Ziel erreichen möchtest.

Ergebnis 1

Ergebnis 2

Ergebnis 3

Ergebnis 4

_____

Ergebnis 5

_____

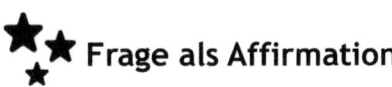 **Frage als Affirmation**

> *„Wenn es keine Begrenzung gäbe, was würde ich*
> *dann für mein Leben wählen, zu sein oder zu tun?"*

Morgen-Übung

Nutze den effektiven Moment des Aufwachens in der Thet-afrequenz, um dich mit dem, was du dir wünschst, zu ver-binden. Bitte nutze den heutigen Morgen, das Vertrauen dar-auf, alles zu bekommen, was du dir wünschst, zu fühlen. Spüre nach, was es für dich bedeutet, im Vertrauen zu sein.

Schreib dir deinen Wunsch dreimal in dein Buch.

Realitäten schaffen Meditation

Nimm dir täglich Zeit, deine Wunschmeditation zu machen. Wie immer findest du auch diese Meditation auf der Webseite, wo du sie gern anhören kannst:

https://www.kubigcoaching.de/blog/transformation-leicht-gemacht.html

Extra-Tipp

Verbinde dich täglich mit deinem Vision-Board. Nimm dir jeweils einen Moment Zeit, innezuhalten und dich damit zu verbinden. Schau dir heute dein Vision-Board an. Inspiriert es dich? Lässt es dich träumen — von einer schöneren Zukunft? Von einer Zukunft, die genau so ist, dass du glücklich bist?

Falls du noch weitere Details verbessern möchtest, ergänze es gegebenenfalls mit neuen Inspirationen.

Das Vision-Board soll mit dir und deinen Träumen wachsen und dich ständig daran erinnern, wo du in Zukunft sein möchtest.

Tag 25: Ein Wunsch ohne Plan ist reine Fantasie

Für deine Zielerreichung ist es wichtig, dass einfach beides da ist: deine innere Arbeit und das Tun. Heute weiß ich, wie wichtig es ist, alle Ebenen, also: Mindset — Gefühle — Bewusstsein — Energie und das Tun einzubeziehen. Das eine geht einfach nicht ohne das andere.

Frag dich also bitte ständig: „Was kann ich heute tun, um mein Leben um ein Vielfaches zu erweitern? Was kann ich zum Beispiel meinem Geschäft, meiner Aufgabe, meinem Leben, meinem Körper, meiner Gesundheit, meiner Beziehung noch hinzufügen? Was braucht es konkret, um die „Summe xy" zu realisieren? Was muss ich noch wissen, um mich persönlich und/oder fachlich weiterzuentwickeln? ..."

Was braucht dein Ziel noch zur Realisierung?

Das klingt vielleicht seltsam, aber beginne dein Ziel zu fragen, was es noch braucht, um sich realisieren zu können. Es ist wie ein eigenständiges „Wesen": Es ist energetisch vorhanden und existiert. Du kannst mit allem kommunizieren — mit deinem Körper, mit Gegenständen, mit Tieren, der Natur und natürlich auch mit deinem Wunsch.

Ich habe dir hier mal ein paar Beispiele aufgeführt, wie du vorgehen kannst, um einzelne Handlungsschritte herauszufinden, die du realisieren kannst und solltest. Nehmen wir mal das Beispiel, du würdest dir wünschen, dein Traumziel zu bereisen.

Vielleicht planst du eine Südafrika-Rundreise oder einen Ayurveda-Urlaub auf Sri Lanka. Dann wären konkrete Handlungsschritte zum Beispiel:

> Kaufe dir einen Reiseführer und informiere dich über dein Ziel.

➣ Verschaff dir einen Überblick über die für dich infrage kommenden Hotels, Flüge, Reiseveranstalter.

➣ Schreib dir jeden einzelnen Kostenpunkt auf, der durch, mit und in deinem Traumurlaub auf dich zukommen wird, vom Flug bis hin zu deinen geplanten Unternehmungen vor Ort.

➣ Spare ab sofort jeden Monat einen festen Betrag, damit du die Summe aller Kosten bis zum Urlaub zusammenhast. Wichtig ist, dass der Betrag wirklich machbar und realistisch ist. Da du durch den letzten Punkt weißt, wie viel Geld du benötigst, kannst du dir jetzt ausrechnen, wann du den kompletten Betrag zusammengespart haben wirst. Oder halte nach anderen möglichen Einnahmequellen Ausschau.

➣ Reiche den Urlaub jetzt bei deinem Arbeitgeber ein oder nimm für den geplanten Zeitpunkt schon jetzt keine Aufträge mehr an, falls du selbstständig bist.

➣ Lass keine anderen Termine in diesem Zeitraum zu.

➣ Kümmere dich schon jetzt um deine Urlaubsvertretung, um Hundesitter oder den Termin, an dem du dich gegebenenfalls vor der Reise impfen lässt.

➣ Erzähle anderen, dass du in deinen lang ersehnten Traumurlaub fahren wirst.

➣ Räume täglich alle Einwände aus deinem Mindset, die dich wieder zurück in deine Komfortzone schubsen wollen.

Wenn wir wieder zu unserem Beispiel von Tag 24 kommen, an dem du folgendes angenommene Ziel hattest: „Ich möchte eine Arbeit in einem jungen Unternehmen, das seinen Sitz in der Nähe meines Wohnortes hat." Und deine Ergebnisse auf die Frage nach dem Warum wären:

➤ deine tägliche Fahrtzeit zu verkürzen, um mehr Freizeit zu haben

➤ die Möglichkeit, weiter aufzusteigen und Karriere zu machen

➤ dein volles Potenzial in dem, was du tust, einzusetzen

➤ zufrieden am Abend das Büro zu verlassen

➤ mehr Geld zu verdienen

➤ Spaß an einer Arbeit zu haben, in der du dich voll einbringen kannst und die für dich sinnvoll ist

➤ in einem unterstützenden Umfeld mit Menschen zu arbeiten, die sich gegenseitig achten und respektieren

Dann wären die konkreten Handlungsschritte dazu:

➤ Firmen in deiner Nähe zu finden, die in Frage kommen könnten

➤ Firmen zu finden, die für dich optimal und Zeit sparend auch über öffentliche Verkehrsmittel zu erreichen sind

➤ Herauszufinden, ob in diesen Firmen deine Qualifikation gefragt ist

➤ Weiterbildungen zu machen, um vielleicht eine bessere Position zu bekommen

➤ Menschen zu kontaktieren, die dir vielleicht mehr Informationen über die jeweilige Firma zukommen lassen

➤ deine Bewerbungsunterlagen auf den neusten Stand zu bringen

- aktuelle Fotos für die Bewerbungsunterlagen zu machen
- das Anschreiben zu entwickeln
- Ansprechpartner herauszusuchen
- ... und was dir sonst noch so einfällt

Übung 1, Tag 25

Plane deine Ergebnisse nun in einzelnen Handlungsschritten, die dich zum Ziel führen.

Gestern hast du aufgeschrieben, welche Ergebnisse du mit deinem Ziel erreichen möchtest. Nimm dir alles noch einmal zur Hand. Bitte beginne jetzt damit, alles so konkret, wie es dir zum aktuellen Zeitpunkt möglich ist in einzelnen Schritten zu planen. Siehe die Beispiele oben.

Dein Ziel:

_____

Die Ergebnisse, die du damit erzielen möchtest:

_____

Deine einzelnen Projekte zu deinem Ergebnis:

_____

Ich habe dir dazu ein PDF fertiggemacht, das du dir auf meiner Webseite herunterladen kannst:

https://www.kubigcoaching.de/blog/transformation-leicht-gemacht.html

 Deine Affirmation für heute

> *„Was braucht es, damit sich mein Ziel*
> *mit Leichtigkeit im Außen zeigt?"*

Morgen-Übung

Nutze den effektiven Moment des Aufwachens in der Thetafrequenz, um dich mit dem, was du dir wünschst, zu verbinden. Bitte nutze den heutigen Morgen, das Vertrauen darauf, alles zu bekommen, was du dir wünschst, zu fühlen. Spüre nach, was es für dich bedeutet, im Vertrauen zu sein.

Schreibe dir deinen Wunsch dreimal in dein Buch.

Realität schaffen — Meditation

Nimm dir täglich Zeit, deine Wunschmeditation zu machen. Wie immer findest du auch diese Meditation auf der Webseite, wo du sie gern anhören kannst:

https://www.kubigcoaching.de/blog/transformation-leicht-gemacht.html

Extra-Tipp

Um stets das vor Augen zu haben, was du dir wünschst, verbinde dich täglich mit deinem Vision-Board. Lass dich inspirieren von einer Zukunft, die genau so ist, dass du glücklich bist.

Tag 26: Die konkrete Umsetzung deines Plans

Wir werden heute ohne große Einleitung direkt zu deiner heutigen Aufgabe kommen. Nachdem du gestern eine Liste über die konkreten Handlungsschritte, die dich zu deinen Ergebnissen führen, gemacht hast, möchte ich, dass du jetzt in die konkrete Umsetzung gehst. Mach dir detailliert darüber Gedanken, was du wann machen musst, um dein Ziel zu realisieren.

Übung 1, Tag 26

Zeige täglich durch dein Handeln, was du haben willst

Übung Teil 1

Nimm dir eins deiner Ergebnisse (zum Beispiel: mehr Geld verdienen) und unterteile es jetzt in einzelne Handlungsschritte (zum Beispiel: bessere Position im Unternehmen) und danach überlege dir, was du konkret tun kannst, um die verbesserte Position zu erreichen, mit der du mehr Geld verdienst.

Ergebnis: Mehr Geld verdienen – und hier die Fragen dazu:

➤ Für welche Position möchtest du dich bewerben, um mehr Geld zu verdienen?

➤ Kannst du schon alles oder brauchst du noch Qualifikationen?

- Vielleicht eine zusätzliche Aus- oder Weiterbildung?

- Oder ein Coaching, um zu der Führungsperson zu werden, die du sein möchtest?

➤ Welches Unternehmen kommt für dich in Frage, in dem

die entsprechende Position vakant ist?

➢ Überlege dir, ob du bereit bist, für deinen Traumjob umzuziehen oder mehr Freizeit zu investieren.

➢ In welchem Radius bist du bereit zu pendeln?

➢ Was muss dir dein Traumarbeitgeber an Sozialleistungen bieten?

➢ Hast du vielleicht schon ein favorisiertes Unternehmen und kennst jemanden, der dort arbeitet? Wenn ja, triff dich doch mit ihm, um mehr über das Unternehmen zu erfahren.

➢ Um dich auf diese Position zu bewerben solltest du:

  • ansprechende Bewerbungsfotos haben, also:
    ○ suche dir einen guten Fotografen
    ○ mach den Termin für einen Zeitpunkt aus, an dem du absolut entspannt bist — vielleicht nach einem Urlaub?

  • Deine Bewerbungsunterlagen auf den neusten Stand bringen
    ○ Dafür kannst du vielleicht jemanden aus deinem näheren Umfeld nach Tipps fragen, der sich gerade erfolgreich bei einer anderen Firma beworben hat
    ○ Du könntest auch einen Kurs oder ein Coaching besuchen, wo du deine perfekten Bewerbungsunterlagen unter Anleitung zusammenstellen kannst

... und vieles mehr.

Diese Liste kann natürlich noch unendlich weitergeführt werden und ist bestimmt nicht vollständig. Wichtig ist, dass du deine persönliche Liste schreibst und alles bedenkst. Je präziser du planst und dich organisierst, desto besser wird der Überblick über das sein, was noch zu tun ist.

Übung 2, Tag 26

Unten findest du eine kleine Tabelle, mit der du die einzelnen Handlungsschritte in Aufgaben einteilen kannst. Und glaube mir: Es ist von Vorteil, das so detailliert wie möglich zu machen. Überlege dir bitte, was oder wen du genau wozu brauchst.

Projekt: Bewerbungsunterlagen

	Projekt 1	Projekt 2
	Bewerbungsfoto	Coaching
Was brauche ich?	Fotograf	Bewerbungs-Coach
Wer kann helfen?	Isabella	Exkollege?
Kontakt?	Anrufen/Treffen	Internet

 **Affirmation**

„Was kann ich meinem ... Ziel heute noch hinzufügen, das mein Leben um ein Vielfaches erweitern würde?"

Morgen-Übung

Nutze den effektiven Moment des Aufwachens in der Thetafrequenz, um dich mit dem, was du dir wünschst, zu verbinden. Stelle dir deine heutige To-do-Liste vor, wie du alle Dinge mit Leichtigkeit und Freude erledigst. Wie sich vielleicht unerwartet neue Möglichkeiten für dich eröffnen oder du eine besonders inspirierende Begegnung mit jemandem hast. Oder wie du etwas Schönes für dich machst, was du vielleicht schon länger aufgeschoben hast. Frage dich, was heute Wundervolles in deinem Leben geschehen darf, damit dieser Tag zu deinem perfekten Tag wird. Fülle den Tag mit vielen kleinen, wundervollen Momenten an und spüre, wie lebendig dein Leben dadurch wird. Das Magische daran ist, dass du damit eine Blaupause für diesen Tag anlegst, der sich entsprechend deiner Vorstellung genauso entfalten kann. Versuche es gleich heute. Ich bin immer wieder am Abend davon überrascht, wie viel sich realisiert hat.

Schreib dir deinen Wunsch dreimal in dein Notizbuch (Wunschbuch).

Realität schaffen — Meditation

Nimm dir täglich Zeit, deine Wunschmeditation zu machen. Wie immer findest du auch diese Meditation auf der Webseite, wo du sie gern anhören kannst:

https://www.kubigcoaching.de/blog/transformation-leicht-gemacht.html

Tag 27: Mach dir einen genauen Zeitplan

Schau nach, was du von deiner gestrigen Auflistung heute erledigen kannst und setze dir Termine für die Dinge, die du heute nicht schaffst. Arbeite so jeden Tag deine To-do-Liste ab. Überlege dir bitte, wie viel Zeit du dazu benötigst und bis wann das Projekt abgeschlossen sein soll.

Frage dich beim Terminieren:

➢ Wie lange brauche ich dafür?

➢ Muss ich vorher noch etwas anderes erledigen, um damit zu starten?

➢ Gibt es eine feste Deadline, zum Beispiel Bewerbungsfristen?

	Projekt 1	Projekt 2
	Bewerbungsunterlagen	Coaching
Was brauche ich?	eine Vorlage	besseres Auftreten
Wer kann helfen?	Isabella	Bewerbungscoach
Kontakt?	anrufen	Empfehlung suchen
Dauer?	2 Wochen	3 Wochen
Deadline?	bis 31. März	bis 7. April (1. Termin)

Übung: Termine sind unverhandelbar!

Der letzte und wichtigste Punkt für heute: Übertrage all diese Termine in deinen Kalender. Die Termine sind unverhandelbar so abzuarbeiten, wie du sie koordiniert hast. Blocke dir bitte die notwendigen Zeiten und setze dir eine Deadline, bis wann am Tag des jeweiligen Termins alles erledigt sein soll, denn oft brauchst du das eine, um mit dem anderen weitermachen zu können. Sprich, die Bewerbung kannst du beispielsweise erst dann versenden, wenn du auch ein Foto hast.

 **Affirmation**

> *„Welche Energie kann ich sein, die meinen Plan in Lichtgeschwindigkeit Realität werden lässt?"*

Morgen-Übung

Nutze den effektiven Moment des Aufwachens in der Thetafrequenz, um dich mit dem, was du dir wünschst, zu verbinden. Stelle dir deine heutige To-do-Liste vor, wie du alle Dinge mit Leichtigkeit und Freude erledigst. Wie sich vielleicht unerwartet neue Möglichkeiten für dich eröffnen oder du eine besonders inspirierende Begegnung mit jemandem hast. Oder wie du etwas Schönes für dich machst, was du vielleicht schon länger aufgeschoben hast. Frage dich, was heute Wundervolles in deinem Leben geschehen darf, damit dieser Tag zu deinem perfekten Tag wird. Fülle den Tag mit vielen kleinen, wundervollen Momenten an und spüre, wie lebendig dein Leben dadurch wird.

Morgen-Übung: Schreibe dir deinen Wunsch dreimal in dein Buch.

Realität schaffen — Meditation

Nimm dir täglich Zeit, deine Wunschmeditation zu machen. Wie immer findest du auch diese Meditation auf der Webseite, wo du sie gern anhören kannst:

https://www.kubigcoaching.de/blog/transformation-leicht-gemacht.html

Extra-Tipp

Bitte feiere jede erreichte Etappe, damit du weiter motiviert bleibst, sodass dir die Puste bei großen Zielen während der Zeit nicht ausgeht. Nein! Versuche, dich wirklich jeden Tag für die vielen kleinen Schritte zu loben, die du heute wieder gemacht hast. Denn die meisten Ziele brauchen sehr viele kleine Schritte. Das heißt, du brauchst Motivation, indem du dich immer wieder selbst lobst und jeden noch so kleinen Schritt anerkennst.

Tag 28: Wenn du es schaffst, deine Gewohnheiten zu ändern, änderst du dein ganzes Leben

Ich grüße dich!

Du hast jetzt schon viel in den letzten 27 Tagen erarbeitet, eine Menge Zeit und Mühe in die Erreichung deines Ziels gesteckt. Dazu schon mal herzlichen Glückwunsch und: Danke, dass du bis hierher durchgehalten hast. Das schafft nicht jeder! Du hast dich nicht von deinem Ziel abbringen lassen. Das sind schon mal die besten Voraussetzungen dafür, dass du es auch wirklich schaffst, dein Ziel zu realisieren. Du hast Disziplin und Durchhaltevermögen bewiesen. Bravo! Ich bin stolz auf dich. Das musste jetzt einfach mal gesagt werden!

An unserem letzten Tag möchte ich gern noch sicherstellen, dass du es wirklich schaffst und dranbleibst. Dazu ist noch ein allerletzter Schritt notwendig: Heute geht es darum, deine Gewohnheiten zu überprüfen und nachhaltig zu ändern.

Frag dich selbst noch einmal: Bist du wirklich bereit, deine Komfortzone zu verlassen, alte Gewohnheiten und Sicherheiten hinter dir zu lassen? Denn genau das ist nötig, um dein Leben zu ändern. Veränderung im Außen beginnt in deinem Inneren. Wenn du zum Beispiel ein Buch schreiben willst, musst du es dir zur Gewohnheit machen, jeden Tag eine bestimmte Anzahl an Seiten zu schreiben. Wenn du das jeden Tag tust, bekommst du dein Buch innerhalb eines überschaubaren Zeitraums fertig. Doch das gelingt nur, wenn du es auch wirklich jeden Tag tust.

„Never break the chain" (Unterbrich niemals die Kette deiner zielführenden Handlungen). Egal, ob du gut oder schlecht drauf bist, inspiriert oder einfallslos — was du be-

nötigst, sind Disziplin und Durchhaltevermögen, um an deinen Gewohnheiten tagtäglich zu arbeiten.

Diskutiere nie mit deinem inneren Schweinehund!

Ich habe mir angewöhnt, einfach nicht mehr mit meinem inneren Schweinehund zu diskutieren. Sobald er anfängt, mir zu sagen, heute wäre ein denkbar schlechter Tag, um an meinem Buch weiterzuarbeiten, sage ich ihm: „Stopp! Ich diskutiere nicht mit dir! Ich möchte ein Buch veröffentlichen — also tue ich es auch!" Das sorgt bei mir dafür, dass dann für einen Moment Ruhe einkehrt und ich mit dem Schreiben beginnen kann.

Wenn du etwas verändern willst, wird es immer erst einmal schwierig und unbequem. Ich kenne wirklich niemanden, dem der Erfolg plötzlich in den Schoß gefallen wäre — oder kennst du jemanden, der ohne Training mal eben einen Marathon laufen konnte? Sicher nicht. Es ist und bleibt Arbeit, die getan werden muss, bevor der Erfolg eintreten kann. Und genau deshalb musst du dranbleiben und weitermachen. Hör auf keinen Fall auf! Nicht die intelligentesten Menschen werden belohnt, sondern die, die dranbleiben.

Wenn du zweifelst, geh noch einmal zurück zu deinem „Warum" oder zu der Frage „welcher Preis wäre zu zahlen, würdest du es nicht tun?" Du solltest immer sehr präsent haben, wofür du deine Komfortzone verlassen willst und warum es für eine gewisse Zeit richtig unbequem in deinem Leben sein wird. Ja, es wird an vielen Ecken ziepen und rappeln und wenn dich dein Ziel nicht von ganzem Herzen anzieht, hörst du auf halbem Weg auf. Und du landest wieder in deinem alten, ungeliebten Leben, das du so gern verändern willst. Und dann? Dann bist du frustriert und hast das Gefühl, es niemals zu schaffen und nicht gut genug zu sein. Aber das stimmt nicht! Dieses Gefühl ist eine Illusion. Denn natürlich kannst du es schaffen, dein Leben zu verändern. Der Weg dahin ist nur einfach nicht gerade und du musst dich vielen Herausforderungen im Innen und Außen stellen. Aber: Du brauchst niemals dort zu bleiben, wo du gerade bist. Du triffst jeden Morgen die Wahl, etwas für dein Ziel zu tun.

Vielleicht hast du ja auch schon mal davon gehört, dass man manche Elefanten im Erwachsenenalter gar nicht mehr fest anbinden muss, weil sie nicht mehr weglaufen. Woher kommt das? Diese Elefanten werden von klein auf an einen Pflock angebunden und über die Zeit so konditioniert, dass man ihnen nur noch den Pflock ans Bein binden muss, ohne ihn zu befestigen, damit sie dort bleiben, wo sie sind. Obwohl sie eigentlich jederzeit weglaufen könnten. Solch ein Elefant ist sich seiner Kraft gar nicht mehr bewusst. Er könnte weggehen, tut es aber einfach nicht. Es ist zu seiner Gewohnheit geworden, stehen zu bleiben. Auch wir leben nach unseren alten Gewohnheiten und bleiben stehen, obwohl wir weitergehen könnten.

Ich möchte, dass du dich frei machst von allen Gewohnheiten, die dich nicht unterstützen. Räume sie nach und nach aus dem Weg, wenn sie auftauchen. Du kannst alles erreichen — du kannst jeden Tag neu wählen und kannst genau jetzt damit anfangen.

Verändere deine Gewohnheiten — verändere dein Leben

Welche drei Gewohnheiten musst du in dein Leben implementieren, um dein Ziel Wirklichkeit werden zu lassen?

Schau dir zunächst die einzelnen Bereiche an und überprüfe, wo es vielleicht einer Änderung deiner Gewohnheiten bedarf. Gibt es:

➢ Menschen, die dich nähren oder leeren,

➢ Orte, die dich nähren oder leeren,

➢ Dinge, die dich nähren oder leeren,

➢ Situationen, die dich nähren oder leeren.

➢ Aktivitäten oder Verpflichtungen, die dich nähren oder leeren?

Notiere zunächst alles, was dich leert oder auch, welche Gewohnheit dich noch konkret von deinem Ziel abhält.

_____

_____

Und überlege dir jetzt, welche neue Gewohnheit du dir zu eigen machen willst.

_____

_____

Schreibe dir dann auf, zu welchen Zeiten du etwas an deinen Gewohnheiten ändern möchtest. Wie viel Zeit musst du täglich investieren, um dein Ziel erreichen zu können?

Gewohnheit 1 werde ich künftig immer am

_____ um___Uhr nachgehen.

Gewohnheit 2 werde ich künftig immer am

_____ um___Uhr nachgehen.

Gewohnheit 3 werde ich künftig immer am

_____ um___Uhr nachgehen.

Wenn du zum Beispiel ein Buch schreiben möchtest, musst du jeden Tag schreiben. Es muss dann zu deiner Gewohnheit werden, jeden Tag etwas dafür zu tun, damit dein Buch Wirklichkeit wird. Dann würdest du vielleicht sagen: „Ich schreibe jeden Tag immer mindestens fünf Seiten, nach dem Abendessen von 19 bis 22 Uhr an meinem Buch."

Ein Tipp zur leichteren Umsetzung: Stelle dir einen Timer, zum Beispiel auf deinem Handy, damit du immer wieder zu der von dir bestimmten Zeit an deine neue Gewohnheit erinnert wirst.

Bitte fange an, konsequent alles aus deinem Leben zu nehmen, das dich nicht mehr nährt. Nur so kannst du dein höchstes Potenzial leben. Mache hingegen mehr mit den Menschen/an den Orten/mit Dingen und Gewohnheiten, die dir wirklich guttun.

 **Affirmation**

> *„Was kann ich meinen Leben heute hinzufügen,*
> *was mein höchstes Potenzial zum Wachsen bringt?"*

Morgen-Übung

Nutze wieder den effektiven Moment des Aufwachens in der Thetafrequenz und stell dir deine heutige To-do-Liste vor, stell dir vor, wie du alle Dinge mit Leichtigkeit und Freude erledigst. Fülle den Tag mit vielen kleinen, wundervollen Momenten und spüre in deinem Inneren bereits wie lebendig dein Leben dadurch wird.

Schreib dir deinen Wunsch dreimal in dein Buch.

Realität schaffen — Meditation

Nimm dir täglich Zeit, deine Wunschmeditation zu machen. Wie immer findest du auch diese Meditation auf der Webseite, wo du sie gern anhören kannst:

https://www.kubigcoaching.de/blog/transformation-leicht-gemacht.html

Setze ab jetzt deine Meditation „Realitäten schaffen" immer wieder ein, wenn du aktiv wieder an deinem Wunsch arbeiten möchtest.

Extra-Tipp

Wenn dich deine alten Gewohnheiten wieder fest im Griff haben sollten, versuche es mit der 321-los-Regel. Du setzt sie immer dann ein, wenn du nicht ins Tun kommst. Benutze sie dann, wenn du genau weißt, dass es jetzt wichtig wäre, bestimmte Dinge zu tun. Wenn du vielleicht auf deiner Couch sitzt und dich nicht überwinden kannst aufzustehen und stattdessen zu überlegen anfängst — dann solltest du dich stoppen. Zähle einen Countdown und sage zu dir „drei – zwei – eins und los!".

Bei „los" stehst du augenblicklich auf und tust, was zu tun ist — ohne mit dir selbst zu diskutieren. Denn in der Zeit, in der du innerlich mit dir diskutierst, hast du aller Wahrscheinlichkeit nach schon lang das getan, was für diesen Moment zu tun ist, um deinem Ziel ein Stück näher zu kommen.

So, ab jetzt heißt es dranbleiben und jeden der Punkte, die du dir in deinen Timer eingetragen hast, auch genauso umzusetzen. Ich wünsche dir unendlich großes Vertrauen in dich und das Universum, das dich bei allem unterstützt, was du dir wünschst. Du bist hier, um zum Schöpfer deines Lebens zu werden. Alles geschieht nach deinem Glauben. Die Verantwortung liegt jetzt bei dir allein.

Nutze deine dir zur Verfügung stehende Zeit, um das Beste aus deinem Leben zu machen. Du darfst das!

Erweitere deine Welt um ein Vielfaches. Um alles, was du zuvor nicht zu träumen gewagt hast.

Sprenge alle Ketten und sei ab jetzt dein eigener Maßstab. Und bitte: Setze ihn höher an als das, was du gelernt hast, höher als alles, was du bisher für dich für möglich gehalten hast.

Alles, was du dir vorstellen kannst,

ist auch möglich!

Ich danke dir von ganzem Herzen
für dein Dasein.

Ich danke dir dafür,
dass du dich all deinen Themen stellst,
um über dich hinauszuwachsen.

Ich wünsche mir,
dass durch dein erwachtes Bewusstsein,
dein einzigartiges Potenzial, das jetzt
durch deine Schöpfungskraft in die Welt hinein-
strahlt,
sich nur zum Besten,
zum höchsten Wohle aller zeigen möge.
Ganz einfach, indem jeder da ist, wo er hingehört
und so sein darf, wie erist.

Du bist frei, alles zu tun, zu sein und zu haben,
was du dir nur wünschst.

Nachwort

Ich wünsche mir, dass du über Kategorien wie „schwarz — weiß" „gut — schlecht" oder „richtig — falsch" hinauswächst. Ich wünsche mir für dich, dass du erkennst, dass jedes Anderssein seine Berechtigung hat. Perfektion ist eine Illusion, der wir nachlaufen. Es ist reine Illusion, dass wir das Perfekte und das Richtige in unserem Leben je erreichen könnten. Denn du bist bereits jetzt perfekt, genau so, wie du bist! Wenn du dich fragst:

„Ich bin doch aber so, wie ich bin, nicht perfekt?" Oder denkst:„Ich bin doch zu dick, zu dünn, zu ungebildet, zu klein, zu pickelig, zu faltig, zu grau ...im Vergleich zu...!" STOPP! Hör auf, dich zu vergleichen. Wie lange willst du dich noch schlecht für das bewerten, was du bist — ein perfektes, wundervolles Wesen, das absolut einzigartig und niemals vergleichbar ist? Die wichtigste Frage ist: Wie willst du mit deiner Einzigartigkeit in Zukunft umgehen?

Du hast alles, was du brauchst, bereits in dir. Du wirst immer anders sein als andere — und das ist gut so. Spüre deine Art, in der Welt zu sein. Spüre, wie es sich für dich richtig anfühlt. Folge deiner Sehnsucht. Spüre, wie laut oder leise du in der Welt sein möchtest. Spüre, was du dieser Welt schenken möchtest.

Fang an, dich selbst zu lieben für das, was du in dieser Welt sein darfst. Und hör bitte auf, darauf zu achten, was andere über dich sagen oder denken. Oder was sie meinen, was möglich für dich sein könnte. Das ist vollkommen gleichgültig. Hör auf damit, andere Meinungen über deine innere Weisheit zu stellen.

Du weißt, was du brauchst und in welchem Tempo du die Dinge umsetzen kannst. Vertraue deiner inneren Wahrheit.

Ich möchte dich dazu ermuntern, dein altes Lebenskonzept infrage zu stellen und dir den Raum für deine neue Realität öffnen. Ich möchte dich dazu ermutigen, dein Leben abwechslungsreich aus dir selbst heraus zu gestalten, damit du dich genau in die Energiefrequenz versetzt, in der du mit allem, was du dir wünschst, in Resonanz gehen kannst. Lerne, in jedem Moment bewusst zu spüren, was allein du leben möchtest — und triff deine Wahl.

Trau dich, der Welt dein volles Sein zu zeigen, und stell dir vor, jeder Mensch auf diesem Planeten würde sein Licht andrehen und sich mit allem zeigen, was er kann. Der Effekt wäre ein absolutes WOW!!! Spürst du auch, was das für einen Unterschied machen würde? Das ist der Unterschied, den ich mir für dich wünsche.

Wenn du dich über dieses Buch hinaus noch intensiver mit deiner ganz persönlichen Entwicklung auseinandersetzen möchtest, würde ich mich sehr freuen, wenn ich dich bei einem meiner Seminare oder auch in einem persönlichen Coaching unterstützen darf, um dein Leben nach deiner Vorstellung zu gestalten, so, dass dein Höchstes in dir zum Vorschein kommen darf.

Über die Autorin

Sandra Kubig hat über die letzten sieben Jahren in mehr als viertausend Sitzungen in ihrer Praxis als Heilpraktikerin für Psychotherapie Menschen geholfen, mit ihren innersten Wünschen in Verbindung zu kommen, um das zu leben, was ihrem Selbst entspricht.

Der erste Schritt dahin ist meistens, die eigenen Ängste und Selbstzweifel zu überwinden, um die wahre Bestimmung wieder bewusst zu fühlen. Es geht in ihrer Arbeit stets darum, das Leben der Menschen zu transformieren, um den Weg in ein erfülltes Leben frei zu machen. Wenn Menschen sich nicht ihrer wahren spirituellen Natur bewusst sind, blockiert das nicht nur den Fortschritt, sondern erzeugt auch noch Unsicherheit, Stress und Unzufriedenheit.

Sie sagt: „Deshalb habe ich Werkzeuge geschaffen, die es ermöglichen sollen, auf energetische Weise Einfluss auf alle Bereiche des Lebens auszuüben und es in Leichtigkeit zu transformieren.

Tief in mir weiß ich, dass wirklich jeder das nötige Bewusstsein besitzt, um in vollkommener Fülle zu leben. Die Kündigung aus meinem gut bezahlten Job war für mich der Anfang, meine Kraft zu leben und anderen Menschen zu zeigen, wie auch sie in sich eine Energie erzeugen können, mit der sie alles anziehen können, was sie sich nur wünschen. Ich freue mich über alle Menschen, die Kontakt zu mir aufnehmen möchten."

Per Mail info@kubigcoaching.de.

Oder online www.kubigcoaching.de

Hier gibt es direkten Zugang zu den gesprochenen Meditationen:

https://www.kubigcoaching.de/blog/transformation-leicht-gemacht.html

Meine persönlichen Anmerkungen zum Buch:

Meine persönlichen Anmerkungen zum Buch:

Meine persönlichen Anmerkungen zum Buch: